# TOMATEN

LANDHAUSKÜCHE

# TOMATEN

LANDHAUSKÜCHE

*Von Jesse Ziff Cool*

*Fotos von Deborah Jones*

*Aus dem Englischen von Susanne Dickerhof-Kranz*

*Bearbeitet von Marion Morawek*

KOMET

Die Originalausgabe erschien unter dem Titel
Tomatoes: A Country Garden Cookbook bei Collins Publishers, San Francisco.


Published by arrangement with HarperCollins Publishers Inc.
Sonderausgabe für KOMET MA-Service und Verlagsgesellschaft mbH
Gesamtherstellung: KOMET MA-Service und Verlagsgesellschaft mbH
ISBN 3-89836-117-9

# INHALT

Die Tomate ist eine Frucht, die wohl unmittelbar aus dem Paradiese zu uns gekommen sein muß, und wenn sie nicht die hesperidischen Äpfel bedeutet, gewiß der Apfel gewesen ist, den Paris der Venus bot, sehr wahrscheinlich auch der, welchen die Schlange zur Verlockung der Eva anwendete.

Eugen von Vaerst

# EIN WORT VORWEG

In vielen amerikanischen Kleinstädten werden Wettbewerbe veranstaltet, auf denen die schönsten, interessantesten und wohlschmeckendsten Exemplare jeder Art von Gemüse und Obst ausgestellt und verkostet werden. Die Tomaten meines Vaters wurden nie für ihre Schönheit prämiert, wohl aber für ihr Aroma.

Er gab sich die größte Mühe mit seinen Früchten. Die Samen hatte er von einem italienischen Nachbarn bekommen, dessen Familie sie ursprünglich Anfang dieses Jahrhunderts aus Italien mitgebracht hatte. Jedes Jahr wählte er nur die Samen seiner schönsten Früchte zur Weiterzucht aus, und das Ergebnis sprach für seine Methode.

Er hatte im Hof hinter dem Haus einen besonders sonnigen Platz vor einer Backsteinmauer für die Tomatenzucht reserviert, denn hier standen sie geschützt und sonnig genug, um auszureifen. Auf dieser Mauer habe ich dann als Kind oft gesessen, einen Salzstreuer in der Hand, darauf wartend, eine frische, noch von der Sonne warme Tomate aus der Hand essen zu dürfen.

Mein Vater ließ weder Herbizide noch Pestizide an seine kostbaren Früchte. Unkraut wurde mit der Hand gezupft, gedüngt wurde organisch.

Während der Saison aßen wir Tomaten gern einfach auf Brot mit Zwiebeln, Kopfsalatstreifen und Mayonnaise. Die unreifen Tomaten, die gegen Ende des Sommers anfielen, panierte meine Mutter wie Schnitzel und briet sie in der Pfanne knusprig. Mein Vater hingegen tauchte die grünen Tomaten in Olivenöl und grillte sie auf dem Holzkohlengrill neben den Steaks.

Der Urspung der Tomate liegt wahrscheinlich in Peru. Von dort gelangte sie nach Mexiko, wo sie den Namen »tomatl« erhielt. Die ersten Eroberer brachten dann Pflanzen mit nach Europa. Es muß sich noch um gelbe Tomaten gehandelt haben, denn die Italiener nannten sie »Pomo d'oro«, Goldapfel. Sie kreierten schnell die wunderbare Kombination mit Nudeln, ohne welche die italienische Küche heute nicht vorstellbar wäre.

Die Franzosen bedachten die Tomate mit einem noch liebevolleren Namen: Sie nannten sie »Pomme d'amour«, Liebesapfel, und unter diesem Namen wurde sie auch in England eingeführt. Lange war die Tomate eine äußerst begehrte Frucht für die Reichen und Mächtigen – zugleich ging ihr der Ruf voraus, ein mächtiges Aphrodisiakum zu sein. Sir Walter Raleigh zum Beispiel überreichte Elisabeth I. einmal eine große reife Tomate als Geste seiner Zuneigung.

In Nordamerika wurde die Tomate erst spät populär. Die ersten Siedler brachten wohl Tomatensamen mit, doch ob puritanische Ethik oder das kühle Wetter in Neuengland den Anbau verhinderte, weiß man heute nicht. Erst Ende letzten Jahrhunderts wurden Tomaten zum Verzehr angebaut. Und nachdem Henry J. Heinz den Tomatenketchup auf den Markt gebracht hatte, erfreuten sich Tomaten auch in Amerika zunehmender Beliebtheit. Heute sind Tomaten, zusammen mit Salat und Kartoffeln, das meistgeerntete Gemüse in Amerika.

Ursprünglich galt das Nachtschattengewächs Lycopersicon lycopersicum als Frucht, es wird aber inzwischen wegen seiner überwiegend pikanten Verwendung bei uns als Gemüse angesehen.

# WISSENSWERTES ÜBER TOMATEN

Tomaten sind Sommerfrüchte. Sie sind zwar mittlerweile während des ganzen Jahres zu erhalten, aber nur die, die unter warmer Sonne herangereift sind, entfalten ihr ganzes Aroma. Im Winter sollte man deshalb entweder auf Tomaten ganz verzichten oder auf Tomatenkonserven zurückgreifen. Die Farbe der Tomaten sagt übrigens nicht unbedingt etwas über ihren Reifegrad aus. Manche Früchte reifen nach dem Pflücken nach und werden leuchtend rot, ohne noch ein starkes Aroma zu entwickeln, während manche spanische Sorte immer grüne Einsprengsel behält, aber von wunderbarem Aroma ist.

**Einkauf**

Tomaten sollten eine glatte, feste Haut ohne Druckstellen und Risse haben. Grünliche Tomaten reifen zwar nach, entwickeln aber nur wenig Aroma. Vollreife, leicht angedrückte und aufgerissene Tomaten gibt es manchmal im Sonderangebot. Für eine Tomatensauce sind sie ideal – und eine solche kann man auch auf Vorrat kochen und einfrieren. Krumme, wulstige oder picklige Tomaten hingegen, wenn sie überhaupt noch auf den Markt kommen, sind oft ein Zeichen dafür, daß hier jemand noch alte Sorten anbaut – ein starrsinniger Hobbygärtner zum Beispiel. Diese Tomaten sollte man unbedingt kaufen, denn es lohnt sich beinahe immer.

**Frisch oder Konserve?**

Frische Tomaten verwende ich nur in der Tomatensaison (je nach Region zwischen Juni und Oktober). Außerhalb der Saison bevorzuge ich Tomatenkonserven, denn für diese werden nur an der Pflanze ausgereifte Tomaten verwendet. Sie haben deshalb gewöhnlich mehr Aroma als die armseligen Treibhausprodukte. Man kann Dosentomaten wählen, aber auch Tomatenpüree mit oder ohne Stückchen, das es in kleinen Tetrapacks gibt. Noch besser: die Tomatenkonserven aus biologischem Anbau.

**Aufbewahrung**

Tomaten sollten Sie nur dann im Kühlschrank aufbewahren, wenn sie überreif sind und die Haut aufgeplatzt ist. Tomaten aus dem Kühlschrank sollten Sie vor der Verwendung auf jeden Fall auf Zimmertemperatur anwärmen lassen, sonst entfalten sie nicht ihr ganzes Aroma. Zum Nachreifen kann man Tomaten in Papiertüten, Zeitungspapier oder einfach nur so aufs Fensterbrett in die Sonne legen und täglich auf Reifegrad und faule Stellen kontrollieren. Falls Sie Tomaten im eigenen Garten haben, verrate ich Ihnen hier einen Trick, wie Sie ihre eigene Tomatensaison verlängern können: Kurz vor dem ersten Nachtfrost schneiden Sie die ganze Tomatenpflanze mit reifen und unreifen Früchten ab und hängen sie an einem dunklen Ort auf. Die Tomaten werden nach und nach reif und können von Ihnen geerntet werden.

## Zubereitung

Tomaten können sich in Größe, Form und Wassergehalt außerordentlich voneinander unterscheiden. Darum sollten Sie sie immer probieren, bevor Sie sie verwenden. Sind sie süß und säuerlich, würzen Sie sehr zurückhaltend, um die natürlichen Aromen zu betonen. Aromaärmere Tomaten vertragen kräftigere Gewürze. Wird die Tomatensauce nicht ganz so herzhaft, wie Sie sie sich wünschen, geben Sie etwas braunen Zucker, Rotwein, Olivenöl, Zitronensaft oder Balsamessig als Geschmacksverstärker dazu. Und was die Wasserhaltigkeit betrifft: Kontrollieren Sie den Zustand der Sauce und füllen Sie, wenn nötig, ab und zu etwas Wasser nach.

## Einfrieren

Wenn Sie keine Zeit haben, Tomaten einzukochen, frieren Sie sie einfach ein. Dazu sollten die Tomaten immer vollreif sein. Es gibt zwei gute Techniken: Die eine ist, die Tomaten roh, im Ganzen oder geviertelt, einzufrieren. Dann sollte man sie vor dem Verwenden gut abtropfen lassen. Praktisch ist es auch, die Tomaten schon zu einer konzentrierten, ungewürzten Sauce einzukochen und dann portionsweise in kleinen Dosen einzufrieren. Grüne Tomaten kann man auch einfrieren, sie werden aber beim Auftauen leicht matschig.

## Trocknen

Eigentlich kann ich Sie vor dem Trocknen von Tomaten nur warnen: In unserem Klima werden sie keinesfalls so aromatisch und rot wie zum Beispiel im Süden Italiens. Wer es dennoch unbedingt ausprobieren möchte: Tomaten in dünne Scheiben schneiden und auf einem Backblech ausbreiten. Im Backofen bei 75 Grad C 6–8 Stunden trocknen. Alternativ können Sie sie auch 3–4 Tage in die volle Sonne stellen. Die Tomaten sollten dann abgedeckt und täglich gewendet werden. Auf diese Art getrocknete Tomaten sollten Sie für 48 Stunden einfrieren, so werden möglicherweise doch versteckte Schädlinge abgetötet.

Vorteilhafter ist es aber, die vorzüglichen getrockneten Tomaten zu kaufen, die es in italienischen Feinkostgeschäften gibt.

## Häuten:

Den Blütenansatz der Tomaten keilförmig herausschneiden, am runden Ende die Haut kreuzweise einritzen. In einem großen Topf Wasser zum Kochen bringen und die Tomaten 15–30 Sekunden hineintauchen. Je reifer eine Tomate ist, desto schneller löst sich die Haut. Sofort in Eiswasser legen und häuten. Gefrorene Tomaten ebenfalls kurz in kochendes Wasser tauchen, abschrecken und häuten.

## Entkernen

Man muß eine Tomate nicht für jedes Rezept häuten und entkernen. Wenn Sie aber beides machen wollen, ist es praktischer, sie erst zu häuten und dann zu entkernen. Am besten halbiert man die Tomaten quer, um sie zu entkernen, und kratzt die Kernchen mit einem Löffel heraus. Wollen Sie Spalte entkernen, müssen Sie eventuell die Samenkammern mit einem Messer aufschlitzen, um die Kerne herauszukratzen. Anschließend kurz unter fließendem Wasser abspülen.

## Tomaten backen

Die Tomaten entwickeln mit dieser Methode einen intensiven, vollen Geschmack. Dazu werden sie mit Öl eingepinselt und unter dem elektrischen Grill oder auf dem Holzkohlengrill rösten, bis die Haut schwarz wird. Oder die Tomaten auf eine lange Gabel spießen und über der Gasflamme rösten. Ein Sieb über eine Schüssel stellen. Die Tomaten abdekken und in dem Sieb abkühlen lassen. Abgekühlte Früchte häuten und entkernen. Wenn Sie eine Gemüsebrühe kochen, können die Tomaten ungeschält dazugegeben werden. Das verleiht der Suppe ein interessantes, rauchiges Aroma.

## Wichtige Zubereitungsformen

*Concassé*

Gehäutete, entkernte Tomaten, in gleichmäßige Würfel geschnitten. Concassé ist die Basis vieler klassischer Saucen. Nur mit Salz und Pfeffer gewürzt kann man Concassé mit Nudeln mischen und hat so das schnellste Tomatengericht überhaupt.

*Coulis*

Dafür werden die gehäuteten und entkernten Tomaten gewürfelt, in einem Sieb zum Abtropfen beiseite gestellt und dann leicht püriert. Der Tomatengeschmack wird auf diese Weise besonders intensiv. Ein Coulis kann als einfache Sauce verwendet werden, wird aber vor allem als Basis einer Vielzahl von Saucen und Suppen eingesetzt. Es läßt sich sehr gut einfrieren.

*Tomatenmark*

Typischerweise werden ganze Tomaten – nach Geschmack eventuell mit Sellerie oder Zwiebeln – langsam eingekocht und dann durch ein Sieb passiert. Das entstehende Püree wird dann weiter bei geringer Hitze eingekocht, bis eine kräftige Paste entsteht. Sie wird löffelweise an Saucen und Suppen gegeben.

*Salsa*
Salsa ist mexikanisch für Sauce. Mexikanische Salsas serviert man heiß oder kalt. Die typische Salsa enthält das Fleisch vollreifer Tomaten, rote oder grüne Zwiebeln, Koriandergrün und Chillies. Sie kann durch die Zugabe von Limettensaft, Avocado, Gurkenwürfeln, Knoblauch oder Kreuzkümmel vielfach variiert werden.

**Nährwert**
Tomaten enthalten viel Wasser und wenige Kohlenhydrate und damit auch sehr wenige Kalorien, aber viele Vitamine, Mineralstoffe und Fruchtsäuren. Vor allem das Schönheitsvitamin A ist zu erwähnen, in reifen Tomaten auch Vitamin C. Auch der Kalziumgehalt ist beachtlich. Tomaten sind daher ideal für eine Diät.

**Grüne Tomaten**
Grüne Tomaten enthalten den giftigen Stoff Solanin, ebenso wie die Blätter und Stiele. Während man Blätter und Stiele nicht verwenden soll, beginnt die Pflanze einige Wochen vor der Reife selbst mit dem Abbau des Solanins in den Früchten, so daß sie in den letzten 2 Wochen vor der Rötung bereits gefahrlos verzehrt werden können. Scheuen Sie sich also nicht, die letzten grünen Tomaten aus Ihrem Garten zu verarbeiten.

**Sorten**
Bei uns werden die Tomaten nur ganz grob nach ihrer Form eingeteilt, nicht, wie in Amerika und auf unserem Schaubild, in zahlreiche Untersorten. Wir sind darauf angewiesen, die eine Sorte Fleisch- oder Rundtomate, die unser Händler anbietet, auch zu nehmen. Und auch das Saatgut, das man in Gartengeschäften kaufen kann, ist mittlerweile fast weltweit genormt. Wer mehr möchte als die Standard-

tomate aus holländischem Saatgut, sollte sich in alten Bauerngärten umsehen. Da findet man manchmal noch alte Sorten. Lohnenswert ist es auch, sich von Reisen in südliche Länder die Samen besonders gut schmeckender Sorten mitzubringen. Dazu schabt man sie einfach aus der Frucht heraus, läßt sie trocknen und transportiert sie dann in einem Döschen. Auch hinsichtlich der Farben mangelt es bei uns an Vielseitigkeit. Tomaten sind bei uns mehr oder weniger rot. Die kleinen Kirschtomaten sind manchmal auch in Gelb zu haben, aber große gelbe Tomaten finden Sie bei uns bisher nur selten in Spezialitätengeschäften.

Die Grundsorten, nach der Form eingeteilt:

*Runde Tomaten*

Von glatter, kugeliger Form mit großen Samenkammern und vielen Kernen. Das Fleisch ist recht wasserhaltig. Man verwendet sie hauptsächlich für Salate.

*Fleischtomaten*

Größer und flacher, mit weniger Kernen und festem Fleisch. Manchmal auch gerippt zu haben. Fleischtomaten sind ideal zum Kochen und für Saucen, aber auch zum Braten. Sie sind oft von kräftigerem Aroma als Rundtomaten, aber da sie mittlerweile ebenso häufig aus dem Gewächshaus kommen wie die runden, können auch sie enttäuschen.

*Strauchtomaten*

Im Prinzip nichts anderes als kleine Rundtomaten, die mit ihren Zweigen verkauft weden. Manche Sorten sind allerdings besonders aromatisch.

*Flaschentomaten*

Längliche, aromatische Früchte, deren Fleisch aber etwas mehlig ist. Besonders für Saucen geeignet.

*Kirschtomaten*
Auch Cherry-Tomaten oder Cocktail-Tomaten genannt. Kleine, runde Früchte, die sehr dekorativ sind und vor allem für Garnituren und in Salaten verwendet werden.

Gestreifte, gelbe, beständig grüne oder gefleckte Tomaten sind bei uns kaum zu finden.

**Anbau**
Es gibt Menschen, die glauben, daß der Genuß einer reifen, von der Sonne gewärmten Tomate ihnen beinahe die vollkommene Glückseligkeit beschert. Diesen Genuß können Sie sich ohne größere Schwierigkeiten verschaffen, denn der Anbau von Tomaten ist nicht übermäßig kompliziert.

Wichtig ist zuerst einmal die Wahl der richtigen Sorte. Wer in Gegenden mit kurzen, kalten Sommern lebt, sollte sich im Fachhandel Samen oder Pflanzen von früh- und schnellreifenden Sorten besorgen. In warmen Regionen kann man mehr experimentieren und auch aus dem Süden mitgebrachte Sorten ausprobieren.
Ebenso wichtig ist zu wissen, ob die Tomaten vor allem roh gegessen oder zum Kochen verwendet werden sollen. In erstem Fall sind runde Tomaten oder Kirschtomaten zu empfehlen, ansonsten Fleischtomaten.
Auch die Wahl des Standortes ist von Bedeutung. Tomaten brauchen einen guten Boden. Er sollte locker und reichlich mit organischem Dünger durchsetzt sein. Feuchtigkeit darf nicht stehenbleiben, sonst faulen die Pflanzen schnell.
Ich bevorzuge für meine Tomaten guten organischen Dünger, den ich in Gartenbauzentren oder beim Biobauern kaufe. Während der Reifeperiode sollte nach Möglichkeit nachgedüngt werden.

Diverse Fleischtomaten

Runde Tomate

Strauchtomate

Flaschentomate

Kirschtomate

Kirschtomate

Green Grape

Green Zebra

Unreife grüne Fleischtomate

Lemon Boy

Yellow Pear

Yellow Plum

Golden Jubilee

Fleischtomate

Goldy

Mexikanische Tomatillo

Gestreifte Fleischtomate

White Beauty

Tomatensamen zieht man zunächst im warmen Zimmer an, und zwar in einer flachen Schale mit Anzuchterde. Der Boden muß gut befeuchtet werden. Nach etwa 2 Wochen wachsen kleine Keime, die einen warmen, sonnigen Standort brauchen (oder eine Pflanzenlampe). Wenn keine Frostgefahr mehr besteht, können die Pflanzen nach draußen umgesetzt werden. Auch hier sollten Sie auf einen sonnigen Standort achten – Tomaten sollten nach Möglichkeit acht Stunden Sonnenschein täglich bekommen.

Wer in warmen Regionen wohnt, kann den in mediterranen Ländern verbreiteten Trick anwenden, den sich eben rötenden Früchten kein Wasser mehr zu geben. Der so entstehende Streß wird wahrscheinlich einige Früchte und die Blätter verdorren lassen, der Rest aber wird ein ungewöhnlich intensives Aroma entwickeln.

Pflanzenteile, die faulen, sofort abschneiden und vernichten, nicht auf den Kompost geben, denn was immer die Pflanze faulen ließ, kann über die Erde wieder aufgenommen werden.

Wenn Sie keinen Garten haben, können Sie ohne Probleme die Tomaten in Töpfen ziehen. Sie brauchen auch dafür einen sehr sonnigen Platz und einen genügend großen Topf, damit sich die Wurzeln entwickeln können. Düngen Sie etwas häufiger als im Garten.

# VORSPEISEN

Wenn Freunde überraschend vorbeikommen, begrüßt man sie gerne mit einem schönen Glas Wein und einem leichten Imbiß. Als Basis solcher kleinen Appetithäppchen sind Tomaten – schon wegen ihrer Vielseitigkeit – ideal.
Einfache kleine Schnittchen mit Tomatenscheiben und Kräutern können ein wunderbarer Auftakt zu einem geselligen Abend sein. Aber auch kleine warme Gerichte wie die Tomaten-Croques erfreuen Genießer und regen den Appetit an.
In vielen Rezepten werden gewürfelte oder pürierte Tomaten verlangt. Man sollte immer daran denken, daß eine Sauce immer nur so gut ist wie die Tomaten, aus denen sie entsteht. Sind die Tomaten nicht wirklich aromatisch, verwenden Sie lieber Tomatenpüree aus der Packung.
Manchmal findet man auf Märkten oder in Spezialgeschäften gelbe oder gestreifte Tomaten. Wenn dies der Fall ist, sollten Sie das zum Anlaß nehmen, eine Hors d'œuvre-Platte anzurichten und mit den dekorativen bunten Tomaten zu garnieren.

# *Suppe aus gebackenen Tomaten mit Petersilien-Croûtons*

*Für diese Suppe sollten Sie nur reife, feste Tomaten verwenden. Wenn man sie vorher im Backofen grillt, bekommen sie ein unvergleichlich süßes Aroma.*

*1 kg große, reife Tomaten*
*Olivenöl zum Bestreichen*
*8 Schalotten*
*1 kleine Möhre*
*1 kleine Fenchelknolle*
*3 EL Butter*
*½ l Hühner- oder Gemüsebrühe*
*5 bis 6 Stengel frischer Estragon*
*5 bis 6 Stengel glatte Petersilie*
*Salz und frisch gemahlener schwarzer Pfeffer nach Geschmack*
*1 Becher Crème fraîche*

**Petersilien-Croutons:**
*12 dünne Scheiben Stangenweißbrot*
*Olivenöl zum großzügigen Bestreichen der Scheiben*
*3 Knoblauchzehen, halbiert*
*½ Tasse geraspelter Schafkäse*
*1 Bund glatte Petersilie, gehackt*

Backofen auf 220 Grad C vorheizen.
Tomaten halbieren, entkernen und mit Olivenöl bestreichen. In eine flache Backform legen und 30 Minuten backen, bis die Haut dunkel wird und Blasen wirft, dabei alle 10 Minuten wenden.
Aus dem Backofen nehmen und abkühlen lassen. Haut abziehen, Fleisch und Saft aufheben. Möhren, Schalotten und Fenchel grob hacken. In Butter bei mittlerer Hitze andünsten, bis sie sehr weich sind. Brühe und Kräuter dazugeben und 30 Minuten bei mäßiger Hitze leise kochen lassen. Tomatenfleisch und -saft dazugeben. Kräuter entfernen. Zu diesem Zeitpunkt kann die Suppe entweder püriert oder, wenn eine glattere Creme entstehen soll, durch ein Passiersieb gestrichen werden. Mit Salz und Pfeffer würzen, eventuell noch zusätzliche Kräuter dazugeben. Bei geringer Hitze warm halten.
Den Backofen auf 200 Grad C einstellen. Für die Petersilien-Croûtons die Weißbrotscheiben auf beiden Seiten mit Öl bestreichen und auf ein Backblech legen. Eine Brotseite mit Knoblauch einreiben. Mit Käse und Petersilie bestreuen und knusprig braun backen.
Die Crème fraîche in die Suppe einrühren und erhitzen, bis die Suppe wieder heiß ist. In vorgewärmte Suppenteller geben und jeweils drei Croûtons in die Mitte setzen. Mit großen Suppenlöffeln und einem Glas Chianti Classico servieren.

*Für 4 Personen*

# *Rot-gelbe Gazpacho mit Gurkensauce und Crème fraîche*

*Diese Variante des klassischen spanischen Gerichts ist kernig und würzig. Die Verwendung roter und gelber Tomaten gibt ihr eine interessante Farbigkeit. Am besten bereiten Sie die Tomaten getrennt zu. Wenn Sie die Gazpacho lieber sämig mögen, pürieren Sie die Zutaten mit dem Pürierstab.*

*750 g gelbe Tomaten*
*750 g rote Tomaten*
*1 mittelgroße rote Zwiebel*
*1 mittelgroße rote Paprikaschote*
*2 Stangen Sellerie*
*8 EL kaltgepreßtes Olivenöl*
*2 Knoblauchzehen, durchgepreßt*
*2 bis 3 EL gehacktes Basilikum (oder Kerbel)*
*1/4 bis 1/2 Tasse frisch gehacktes Koriandergrün*
*2 Frühlingszwiebeln, fein gewürfelt*
*6–8 EL Weißweinessig*
*1 bis 2 TL Tabasco nach Geschmack*
*Salz*
*Frisch gemahlener schwarzer Pfeffer*
*1 Chilischote, gewürfelt*
*Tomatensaft oder Hühnerbrühe zum Verdünnen (nach Belieben)*

**Gurkensauce:**
*1 mittelgroße Salatgurke, entkernt*
*1/4 Tasse fein gehacktes frisches Koriandergrün*
*1 rote Zwiebel, grob gewürfelt*
*1 TL gemahlener Kreuzkümmel*
*etwa 1 TL Tabasco*
*Saft von 1 Limette*
*Salz*

*Crème fraîche zum Garnieren*

Verwenden Sie sehr reife und saftige Tomaten. Die Tomaten häuten und entkernen, dabei den Saft auffangen, um falls nötig die Suppe zu verdünnen. Rote und gelbe Tomaten getrennt aufbewahren. Zwiebel, rote Paprika und Sellerie grob würfeln. In einer mittelgroßen Schüssel Zwiebel, Paprika und Sellerie mit Olivenöl, Knoblauch, Basilikum, Koriandergrün, Frühlingszwiebel, Essig, Tabasco, Salz, Pfeffer und Chilischoten mischen. Die Mischung auf 2 Schüsseln aufteilen. In die eine die roten, in die andere die gelben Tomaten geben.
Mit Tomatensaft oder Hühnerbrühe jeweils auf die gewünschte Konsistenz verdünnen. 30 Minuten im Kühlschrank kalt stellen.

Unterdessen die Gurkensauce zubereiten. Gurke schälen, entkernen und grob hacken. Die restlichen Zutaten dazugeben. (Die Menge ergibt etwa 1 1/2 Tassen, Reste können gut für ein anderes Gericht, z.B. gegrillten Fisch, als Garnierung verwendet werden.)
Zum Servieren mit zwei Schöpflöffeln gleichzeitig roten und gelben Gazpacho in einen Teller schöpfen. Sie sollten sich nicht vermischen. Einen gut gehäuften Löffel Gurkensauce in die Mitte geben und mit einem dicken Klecks Crème fraîche krönen.

*Für gut 4 bis 6 Personen*

# *Bloody Mary*

*Wenn Sie diese frische Variante einmal probiert haben, gibt es kein Zurück mehr. Tomatensaft läßt sich relativ einfach selber machen, wenn man die Zeit dafür hat. Doch selbst wenn Sie Tomatensaft aus der Dose verwenden, ergeben die frischen Zutaten immer noch einen phantastischen Cocktail.*

*Etwa 1 l frischgepreßter Tomatensaft (aus etwa 3 kg Tomaten)*
*4 EL fein gehackte rote Zwiebel*
*1 rote oder grüne Chilischote, fein gehackt*
*4 EL fein gehackte Salatgurke (nach Belieben)*
*Saft von 2 Limetten*
*1 bis 2 EL Worcestershiresauce*
*Salz*
*frisch gemahlener schwarzer Pfeffer*
*6 kleine Schnapsgläser Wodka (12 cl)*
*Tabasco nach Geschmack*
*4 kleine Stangen Sellerie zum Garnieren*
*1 Limette zum Garnieren, in Vierteln*
*4 gekochte Riesengarnelen zum Garnieren (nach Belieben)*

Verwenden Sie für den Tomatensaft nur sehr reife und saftige Tomaten. Je besser das Aroma der Tomaten, desto besser der Tomatensaft. Tomaten grob hacken. In einem Edelstahltopf bei mäßiger Hitze zum Kochen bringen. Tomaten kochen, bis sie ganz weich sind und ihren Saft abgegeben haben. Vom Herd nehmen, abkühlen lassen und Tomaten mit Saft durch ein Passier- oder Haarsieb streichen, um Kerne und Häute zu entfernen. Den Tomatensaft in einer Schüssel etwa 30 Minuten stehen lassen. Bei Tomaten, die sehr viel Wasser enthalten, bildet sich auf dem Püree eine Wasserschicht, die Sie abschöpfen können. So lange abschöpfen, wie Wasser aufsteigt. Je mehr Wasser Sie abschöpfen, desto konzentrierter wird der Tomatensaft. Probieren Sie. Möglicherweise erscheint Ihnen der Geschmack ohne Salz, Zucker und Zitronensäure, die bei Konserven als Geschmacksveredler verwendet werden, zu flach. Ihr Saft sollte ein kräftiges, würziges Tomatenaroma haben, Sie können immer noch mit Salz, Zukker oder Zitronensaft nach Ihrem Geschmack würzen.

Den Saft sofort in den Kühlschrank stellen. Er läßt sich ein paar Tage aufbewahren, wobei das Aroma aber nachläßt. In einem 2-Liter-Krug den Tomatensaft mit allen Zutaten mischen bis auf Selleriestangen, Limonenviertel und Garnelen. In 4 hohe, mit Eis gefüllte Gläser gießen und mit einer Selleriestange und einem Limonenviertel garnieren. Für besondere Gelegenheiten können Sie jede Bloody Mary noch mit einer gekochten, eisgekühlten Riesengarnele garnieren.

*Ergibt 4 großzügige Cocktails*

# Austern mit würzigem Tomaten-Concassé

*Den meisten Europäern erscheint die amerikanische Sitte, Austern mit Ketchup zu servieren, zu Recht schockierend. Dieses Rezept wirkt zwar auf den ersten Blick ähnlich, ist aber sehr viel feiner. Eine frisch geöffnete Auster schmeckt nach dem Meer – und mit diesem Aroma geht der raffinierte Geschmack des Concassés eine perfekte Verbindung ein. Es paßt übrigens auch hervorragend zu gegrilltem Thunfisch.*

*2 mittelgroße, reife Tomaten, gehäutet und entkernt*
*1 Handvoll frische Kerbelblätter*
*5 Stengel frisches Knoblauchgrün oder Frühlingszwiebel*
*2 EL gehackte rote Zwiebel*
*1 EL frisch geriebener Meerrettich*
*1–2 EL Weißweinessig*
*½ TL Tabasco*
*Salz*
*18 frische Austern*
*Schnittlauchblüten zum Garnieren (nach Belieben)*

Die Tomaten sehr fein würfeln. Kerbel, Knoblauchgrün und rote Zwiebel ebenfalls sehr fein hacken. Alle Zutaten, bis auf die Austern und Schnittlauchblüten, in einer kleinen Schüssel vermischen. In den Kühlschrank stellen.

Kurz vor dem Servieren die Austern aufbrechen. Exemplare mit bereits geöffneter Schale wegwerfen. Austern waschen, in eine gefaltete Serviette mit der flachen Schale nach oben und dem Gelenk nach vorn auf die Arbeitsfläche legen. Während man die Auster mit einer Hand festhält, fährt man mit der Spitze eines Austernmessers in die kleine Öffnung im Gelenk. Mit einer scharfen drehenden Bewegung des Messers die Schalen aufbrechen. Die Auster weiterhin in der Serviette festhalten, die Messerklinge an der Innenseite der oberen Schale entlangführen und den Muskel, der die Schalen zusammenhält, durchtrennen. Obere Schale entfernen. Die untere Schale mit den Fingern festhalten, die Klinge unter der Auster hindurch nach vorn führen und den Muskel, der sie mit der unteren Schale verbindet, zerschneiden.

Austern in der Schale vorsichtig, damit nichts von der darin enthaltenen Flüssigkeit verschüttet wird, auf einer Platte mit zerstoßenem Eis anrichten. Auf jede Auster einen Teelöffel Concassé geben, mit Schnittlauchblüten garnieren.

Im Kühlschrank hält sich das Concassé ein bis zwei Tage. Es schmeckt auch wundervoll zu Rührei.

*Für 3 bis 6 Personen*

*Bloody Mary im Glaskrug (Rezept Seite 25) und Austern mit würzigem Tomaten-Concassé*

HILARITATEM
BUON APPETITO
EBRIETATEM
SALUTE

# *Salsa und Guacamole (Avocado-Mus)*

*Streng übersetzt heißt das spanische Salsa »Sauce«, im engeren Sinn ist es aber speziell die feurige mexikanische Tomatensauce. Wer gern mexikanisch ißt, kennt diese Vorspeise und ist bereits süchtig danach. Am besten schmeckt die Salsa natürlich in der Tomatenzeit.*

**Tomatensalsa:**
*750 g reife Tomaten*
*1 kleine rote Zwiebel, fein gewürfelt*
*1/4 Tasse fein gewürfelte rote Paprika*
*2 bis 3 EL fein gehacktes Koriandergrün*
*2 Knoblauchzehen, durchgepreßt*
*1/2 TL (oder mehr) entkernte und fein gewürfelte Chilischote*
*Saft von 1/2 Limette*
*Salz nach Geschmack*

**Guacamole:**
*2 Avocados, grob gehackt*
*2 EL geriebene rote Zwiebel*
*Saft von 1 Limette*
*3 EL saure Sahne*
*1 TL Kreuzkümmelpulver*
*2 TL fein gehacktes Koriandergrün*
*Salz nach Geschmack*

*Limetten und Koriandergrün zum Garnieren*
*Tortilla-Chips zum Stippen*

Für die Salsa Tomaten entkernen und grob hacken. In einer mittelgroßen Schüssel mit Zwiebel, roter Paprika, Koriander, Knoblauch, Chilischote, Limettensaft und Salz mischen. In den Kühlschrank stellen.
Für die Guacamole die Avocados mit der Zwiebel, Limettensaft, saurer Sahne, Kreuzkümmel, Koriander und Salz in einer mittelgroßen Schüssel sacht zerdrükken, aber nicht pürieren. In den Kühlschrank stellen. Guacamole in eine flache Schale füllen. Fingerbreit mit der Salsa bedecken. Mit Limettenachteln und einem Büschel Koriandergrün garnieren und mit den Tortillachips zum Einstippen servieren.

*Für 4 bis 8 Personen*

# *Salsa aus gebackenen Tomatillos*

*Wenn die eigentliche Tomatensaison vorbei ist, findet man manchmal in Spezialitätengeschäften die mexikanischen Tomatillos. In Mexiko werden sie ähnlich wie bei uns Tomaten verwendet. Wir können sie durch Kirschtomaten ersetzen. Dieses Rezept verdanken wir einem mexikanischen Koch, der die Salsa perfektioniert, indem er die Tomaten vorher backt. Die Salsa bekommt dadurch einen besonderen Geschmack und ist in der Konsistenz wunderbar sämig. Ebenfalls köstlich zu Fisch.*

*500 g Tomatillos (ersatzweise Kirschtomaten)*
*1 mittelgroße gelbe Zwiebel*
*1/4 bis 1/2 große rote Paprika*
*1 Chilischote mit Kernen*
*6 Knoblauchzehen*
*3 EL kaltgepreßtes Olivenöl*
*2 Frühlingszwiebeln*
*1/4 Tasse frisches Koriandergrün*
*Salz und frisch gemahlener schwarzer Pfeffer*

Backofen auf 190 Grad C vorheizen.
Papierene Hüllen von den Tomatillos abstreifen. Gelbe Zwiebel, die Paprika- und Chilischoten putzen und grob würfeln. In einer mittelgroßen Backform die Tomatillos, Zwiebeln, Paprika, Chili und Knoblauchzehen in dem Öl wenden. Etwa 30 Minuten backen, dabei nach 15 Minuten rütteln, bis alles Gemüse schön weich ist.
Unterdessen Frühlingszwiebel und Koriander im Mixer fein hacken.
Die gebackenen Gemüse aus dem Backofen nehmen und noch heiß zu der Zwiebel-Koriander-Mischung in den Mixer geben. Glatt pürieren.
Mit Salz und Pfeffer abschmecken. Heiß oder kalt servieren.

*Ergibt 2 bis 2 1/2 Tassen*

# *Zucchini-Puffer mit Concassé aus gelben Tomaten*

*Im Spätsommer haben viele Gartenbesitzer riesige Zucchini und ganze Körbe voll reifer Tomaten zu verschenken – in diesem Rezept finden beide Verwendung. Die Zucchini-Puffer sind ganz leicht, solange man nicht zuviel davon ißt. Daß man die bei uns seltenen gelben Tomaten jederzeit durch rote ersetzen kann, versteht sich von selbst.*

*500 g gelbe Tomaten, gehäutet, entkernt und grob gewürfelt*
*750 g Zucchini oder jede Art von Sommerkürbis*
*1 mittelgroße rote Zwiebel*
*1 ½ TL Salz*
*2 Knoblauchzehen, durchgepreßt*
*2 EL frisch gehackte Minze (oder Basilikum)*
*⅛ TL geriebene Muskatnuß*
*2 EL geriebener Parmesankäse*
*2 Eier, verschlagen*
*3 EL Weizenmehl*
*frisch gemahlener schwarzer Pfeffer*

*Öl zum Braten*
*Salz und frisch gemahlener schwarzer Pfeffer nach Geschmack*

Gewürfelte Tomaten in einen Durchschlag geben und ausdrücken. Den Saft für eine andere Verwendung auffangen. Beiseite stellen.
Zucchini und Zwiebel in eine Schüssel reiben, mit Salz bestreuen. Zehn Minuten stehenlassen, dann Flüssigkeit ausdrücken. Mit den restlichen Zutaten, außer dem Öl und den Tomaten, vermischen.
In einen schweren Topf 6 mm hoch Öl gießen und dieses erhitzen, bis es sehr heiß ist und zu rauchen anfängt. ¼ Tasse Zucchiniteig in das heiße Öl geben, flachdrücken. Den Puffer auf der einen Seite braun und knusprig werden lassen, bevor er gewendet wird.
Tomaten aus dem Durchschlag nehmen. Nach Geschmack mit Salz und Pfeffer würzen. Das Concassé auf oder unter den Puffern servieren.

*Ergibt 8 bis 10 Puffer für 4 bis 5 Personen als kleine Vorspeise*

# *Tomaten-Croque mit Kräuterkruste*

*Diesem Rezept liegt die Tradition des überbackenen Schinken-Käse-Sandwichs zugrunde – nur daß das Sandwich hier aus Fleischtomaten besteht.*

*6 Scheiben Toastbrot*
*1 Bund Thymian*
*1 Zweig Rosmarin*
*8 gleichmäßige, dicke Scheiben von großen Fleischtomaten*
*125 g gekochter Schinken oder Pancetta in dünnen Scheiben*
*125 g Greyerzer oder Emmentaler in dünnen Scheiben*
*2 bis 3 TL Dijonsenf*
*4 große frische Basilikumblätter*
*2 Eier*
*2 EL Wasser*
*2 EL kaltgepreßtes Olivenöl*
*Salz und frisch gemahlener schwarzer Pfeffer*

Das Brot vierteln, Thymianblättchen und Rosmarinnadeln von den Zweigen streifen. Zusammen im Mixer fein zerkrümeln, beiseite stellen.
Tomatenscheiben auf eine Servierplatte legen. 4 Tomatenscheiben mit je einer kleinen Scheibe Schinken und Käse belegen. Die übrigen 4 Tomatenscheiben mit je ½ TL Senf bestreichen und mit 1 Basilikumblatt belegen. Jeweils eine mit Schinken und Käse belegte Scheibe mit einer mit Senf bestrichenen Scheibe wie ein Sandwich zusammenklappen.
Backofen auf 200 Grad C vorheizen.
In einer kleinen Schüssel die Eier mit dem Wasser und dem Olivenöl leicht verquirlen. Die Semmelbrösel in eine andere Schüssel geben. Jeden Tomaten-Doppeldecker mit Salz und Pfeffer bestreuen. In die Eimischung tauchen. Gründlich in den Semmelbröseln wenden.
Die Doppeldecker auf ein leicht eingeöltes Backblech legen und etwa 15 Minuten backen, bis die Kruste braun wird und der Käse geschmolzen ist.
Aus dem Backofen nehmen und 10 Minuten abkühlen lassen. Dann servieren.

*Ergibt 4 Croques*

# *Bunte Tomaten-Sandwiches*

*Sandwiches werden eigentlich das ganze Jahr hindurch mit Tomaten belegt oder garniert. Aber warum sollte man sich außerhalb der Saison mit wässrigen, mehligen Exemplaren herumschlagen? Im Sommer allerdings ist das Aroma einer saftigen, reifen, sonnenverwöhnten Tomate unschlagbar.*

*4 Scheiben Roggenmischbrot*
*3 EL weiche Butter*
*2 bis 3 EL Rotisseursenf (körnig)*
*8 dünne Scheiben von reifen Tomaten, leicht gesalzen und gepfeffert*
*4 dünne Scheiben Gemüsezwiebel*
*6 Sardellenfilets in Öl*
*2 hartgekochte Eier in dünnen Scheiben (am besten mit dem Eierschneider geschnitten)*

Alle 4 Brotscheiben nebeneinander legen. 2 Brotscheiben mit Butter, die anderen beiden Scheiben mit dem Senf bestreichen. Auf den gebutterten Scheiben die Tomaten, Zwiebeln, Sardellen und Eier arrangieren. Die mit Senf bestrichenen Scheiben darauflegen. Jede Scheibe in 3 Mini-Sandwiches schneiden und mit einem kühlen Bier servieren.

*Für 2 Personen*

*Von links nach rechts: Gegrillte Polenta mit Tomaten-Pesto (Rezept Seite 39); Bunte Tomaten-Sandwiches; Ligurisches Tomaten-Sandwich (Rezept Seite 37); Brie-Sandwich mit marinierten Tomaten und Aioli (Rezept Seite 36)*

# *Brie-Sandwich mit marinierten Tomaten*

*Zu diesem saftigen Sandwich sollten Sie genügend Servietten bereitlegen, denn es ist kaum mit Anstand zu essen. Aber es schmeckt wunderbar bei einem Sommer-Picknick!*

*1 mittelgroße Tomate, entkernt und grob gewürfelt*
*½ rote oder gelbe Paprika, entkernt und in sehr dünne Scheiben geschnitten*
*3 EL kaltgepreßtes Olivenöl*
*1 EL Balsamessig*
*Salz und frisch gemahlener schwarzer Pfeffer*

*8 Knoblauchzehen*
*kaltgepreßtes Olivenöl*
*4 EL Mayonnaise*
*2 große Scheiben Mischbrot*
*4 bis 6 frische Basilikumblätter*
*100 g Brie*

Tomate, Paprika, Olivenöl und Essig in einer kleinen Schüssel mischen. Mit einer Prise Salz und Pfeffer würzen. Beiseite stellen und durchziehen lassen.

Die Knoblauchzehen häuten und mit Olivenöl bestreichen. In Folie gewickelt etwa 15 Minuten bei 175 Grad C im Backofen backen. Den Knoblauch zerdrücken und mit der Mayonnaise verrühren.

Die Brotscheiben großzügig auf einer Seite mit der Mayonnaise bestreichen. Ein oder zwei Basilikumblätter auf die Mayonnaise legen. Brie auf der anderen Brotscheibe oder Baguettehälfte verteilen. Mit der marinierten Tomaten-Paprikamischung belegen. Brotscheiben zusammenklappen und einmal durchschneiden.

*Für 2 Personen*

# *Ligurisches Tomaten-Sandwich*

*4 große Scheiben Aubergine*
*Salz nach Geschmack*
*kaltgepreßtes Olivenöl*
*2 Baguettehälften, jeweils der Länge nach aufgeschnitten*
*1 kleines Glas Pesto*
*4 dicke Scheiben Tomaten*
*4 Scheiben Provolone (insgesamt etwa 100 g)*
*2 kleine Handvoll Rauke*

Die Auberginenscheiben leicht salzen und 10 Minuten stehen lassen. (Das Salz zieht die Bitterstoffe aus dem Fruchtfleisch). Mit Küchenkrepp abtupfen. Mit Olivenöl bestreichen und unter dem Grill des Backofens braten, bis sie weich und goldbraun sind.
Pesto gleichmäßig auf beiden Baguettehälften verstreichen. Eine Hälfte mit Tomaten und Provolone belegen. Die andere Hälfte mit Aubergine belegen und zuoberst Rauke legen. Sandwiches zusammenklappen, einmal durchschneiden und mit einem Glas ligurischem Rotwein servieren.
Dazu paßt gebackener Knoblauch.

*Für 2 Personen*

# *Gegrillte Polenta mit Tomaten-Pesto*

*Polenta (italienischer Maisbrei) läßt sich einfach zubereiten und im Kühlschrank gut aufbewahren. Sonnengetrocknete Tomaten bekommt man in italienischen Spezialitätengeschäften.*

**Gegrillte Polenta:**
*1 ½ l Wasser*
*1 TL Salz*
*200 g Maisgrieß*
*75 g Butter*
*1 EL gehackte frische Rosmarinnadeln*
*75 g geriebener italienischer Hartkäse (z.B. Parmesan, Asiago oder Pecorino)*

**Tomaten-Pesto aus getrockneten Tomaten:**
*1 Tasse getrocknete Tomaten, nicht in Öl eingelegt*
*warmes Wasser oder erhitzter Rotwein, um die Tomaten einzuweichen*
*50 g geröstete Pinienkerne*
*2 bis 3 Knoblauchzehen*
*75 g geriebener italienischer Hartkäse*
*4 bis 5 frische Basilikumblätter*
*knapp ¼ l kaltgepreßtes Olivenöl*
*1 TL Salz*
*Saft von ½ Zitrone*
*Prise Cayennepfeffer*

In einem schweren, großen Topf Salzwasser erhitzen, bis es kocht. Maisgrieß nach und nach einstreuen, dabei sollte die Temperatur des Wassers nicht unter den Siedepunkt sinken, weil sich sonst Klumpen bilden. Die Polenta unter ständigem Rühren mit einem langen Holzlöffel bei schwacher Hitze garen. Jedesmal, wenn der Brei so dick wird, daß er sich nicht mehr ohne Mühe rühren läßt, einen Schöpflöffel kochendes Wasser dazugeben. Mindestens 30 Minuten garen, bis der Brei elastisch nachgibt und sich vom Topfrand löst. Je länger man ihn garen läßt, desto feiner wird er. Butter, Kräuter und Käse hineinrühren. Die heiße Polenta auf einem leicht eingeölten Backblech verteilen. Zugedeckt in den Kühlschrank stellen und fest werden lassen.
Während die Polenta kocht, das Pesto zubereiten. Die getrockneten Tomaten in warmem Wasser oder Rotwein einweichen, etwa 10 Minuten, bis sie richtig aufgegangen sind. Flüssigkeit abgießen. In einer elektrischen Küchenmaschine oder mit dem Rührstab zusammen mit den Nüssen und dem Knoblauch pürieren. Käse und Basilikum dazugeben und weiter pürieren. Das Olivenöl nach und nach dazugießen, bis eine sämige Konsistenz – ähnlich einer Mayonnaise – erreicht wird. Mit Salz, Zitronensaft und Chili (nach Belieben) würzen.
Den erkalteten Maisbrei in portionsgerechte Stücke schneiden. Mit Olivenöl bestreichen und entweder unter dem Grill des Backofens oder auf einem Backblech im Backofen bei 200 Grad C knusprig braun backen. Mit je einem Löffel Pesto servieren.

*Für 6 bis 8 Personen*

*Anmerkung: Sollte von dem Tomaten-Pesto etwas übrig bleiben, können Sie es wochenlang im Kühlschrank aufbewahren. Es schmeckt auch köstlich mit Pasta und Ziegenkäse, eignet sich als Pizzabelag mit Zwiebeln und Ricotta – um nur einige der Verwendungsmöglichkeiten zu nennen.*

# BEILAGEN

Tomaten sind eine ideale Beilage, denn das süßliche Aroma und die frische Säure passen zu vielen Gerichten. Während der Tomatensaison gibt es zugleich eine Vielfalt anderer frischer Gemüse, und beinahe alle lassen sich mit rohen Tomaten zu hochinteressanten Kombinationen verbinden. Als Beispiel sei hier nur der Tomatensalat mit Rote-Bete-Croûtons genannt.

Dagegen ist in eingekochten Tomaten, einem Relish oder Ketchup zum Beispiel, das Aroma der reifen Früchte eingefangen und konserviert. Wir können es auf diese Weise auch im Winter genießen. Tomaten-Lavendel-Konfitüre oder selbstgemachter Tomatenketchup werten jedes Winteressen auf und sind zudem wunderbare Geschenke.

## *Tomaten-Estragon-Vinaigrette*

*Eine pürierte Tomate macht jede Standard-Vinaigrette cremiger und aromatischer. Diese hier paßt besonders gut zu grünen Salaten oder weißen Bohnen.*

*1 mittelgroße, sehr reife Tomate*
*2 bis 3 Knoblauchzehen*
*1/2 rote Zwiebel, grob gewürfelt*
*3 EL frische Estragonblätter*
*1/4 l kaltgepreßtes Olivenöl*
*1/8 l Weißweinessig*
*Salz und frisch gemahlener schwarzer Pfeffer nach Geschmack*
*3 EL saure Sahne (nach Belieben)*

Tomate häuten und entkernen. Mit Knoblauch, Zwiebel und Estragon im Mixer oder mit dem Rührstab sehr fein pürieren. Nach und nach das Olivenöl in das Püree träufeln. Essig, Salz, Pfeffer und saure Sahne dazugeben.

*Ergibt etwa 3 Tassen*

## *Frischer Tomatenketchup*

*Wenn Sie beim Griff nach einer Flasche Ketchup ein schlechtes Gewissen haben, sollten Sie Ihren Ketchup selbst herstellen. Lassen Sie sich von dem frischen, würzigen Geschmack überraschen und überzeugen.*

*3 kg reife Tomaten*
*1 große rote Zwiebel*
*4 EL Öl*
*1/2 Tasse frische Petersilie (lose gehäuft)*
*2 Stangen Sellerie*
*1 Karotte*
*1 TL Senfkörner*
*1 Zimtstange*
*1 TL Piment*
*1 Stück Muskatnuß oder kleines Stück Muskatblüte*
*gut 1/4 l Malzessig (ersatzweise Apfelessig)*
*100 g brauner Zucker*
*1 EL Sirup (nach Geschmack)*

Tomaten und Zwiebel in große Stücke schneiden. In einem großen Edelstahltopf das Öl erhitzen. Tomaten, Zwiebel, Petersilie, Sellerie und Karotte dazugeben, zum Kochen bringen und mindestens 45 Minuten bei geringer Hitze ziehen lassen. Alle 10 bis 15 Minuten umrühren.
Abkühlen lassen und unter Rühren durch ein Sieb streichen, dabei feste Bestandteile entfernen, Püree in den Topf zurückgeben.
Senfkörner, Zimtstange, Piment und Muskatnuß oder -blüte in ein Stück Mulltuch binden. Mit einem Hammer oder ähnlichem Gerät Muskatnuß und die anderen Gewürze leicht aufbrechen. Gewürzsäckchen mit dem Essig, braunem Zucker und Sirup in das Tomatenpüree geben. Nun die Mischung aufkochen und unter häufigem Rühren 2 bis 4 Stunden (hängt davon ab, wie saftig die Tomaten sind) kochen lassen, bis sie stark eingedickt ist. Ketchup abschmecken und in sterilisierte, heiße 1/2-l-Gläser füllen. Hält sich monatelang im Kühlschrank.

*Ergibt etwa 1 Liter*

# *Tomaten-Lavendel-Konfitüre*

*Dieses Rezept ist dem Larousse Gastronomique, dem klassischen französischen Kochbuch, entnommen. Der frische Lavendel verleiht der Konfitüre eine besondere Note. Probieren Sie sie einmal mit Frischkäse auf Cräckern oder frischen Brötchen.*

*1,5 kg reife Tomaten*
*1,5 kg Zucker*
*Saft von 2 bis 3 Zitronen*
*6 Zweige frischer Lavendel, möglichst mit Blüten*

Tomaten häuten und entkernen. Zutaten in einem Edelstahltopf mischen und zum Kochen bringen. Bei geringer Hitze köcheln lassen, bis die Tomaten zusammenfallen und die Mischung geleeartig wird. Das wird eine gute Stunde dauern. Lavendel herausnehmen. Tomatenmischung in warme, sterilisierte ½-l-Gläser füllen, je einen Zweig Lavendel dazugeben. Hält sich wochenlang im Kühlschrank.

*Ergibt etwa 6 Gläser*

# *Eingelegte Curry-Tomaten*

*Dies ist ein einfaches Rezept für eingelegte Tomaten und eine gute Methode, unreife Herbsttomaten zu verarbeiten. Nehmen Sie ganze, kleine, unreife Tomaten oder große Stücke von großen grünen Tomaten.*

*1 kg unreife grüne Tomaten*
*2 mittelgroße gelbe Zwiebeln*
*4 bis 5 rote Chilischoten, frisch oder getrocknet*
*etwa ¾ l Weißweinessig*
*3 Lorbeerblätter*
*3 Knoblauchzehen*
*1 TL Pimentkörner*
*2 EL Currypulver*
*1 EL Kreuzkümmelkörner*

Sterilisieren Sie 4 oder 5 ½-l-Gläser, indem Sie sie in heißem Wasser kochen oder einmal ohne Spülmittel im Geschirrspüler spülen.
Wenn die Tomaten groß sind, in grobe Stücke schneiden, wenn sie klein sind, ganz lassen. Zwiebeln in ähnlich große Stücke schneiden. Zwiebeln und Tomaten abwechselnd in die Gläser schichten. In jedes Glas eine Chilischote geben.
In der Zwischenzeit in einem großen Edelstahltopf alle verbliebenen Zutaten zum Kochen bringen, 5 Minuten kochen lassen. Durch ein Sieb in die Tomatengläser gießen. Abkühlen lassen. Die Gläser bis einen Fingerbreit unter den Rand mit soviel Flüssigkeit aufgießen, daß die Tomaten bedeckt sind. Falls mehr Flüssigkeit erforderlich ist, geben Sie Essig dazu. Gläser verschrauben und in den Kühlschrank stellen. Vor dem ersten Gebrauch einige Tage ziehen lassen. Die Tomaten halten sich gut 2 Monate im Kühlschrank oder in einem kühlen Keller.

*Ergibt 4 bis 5 Gläser*

# *Tomaten-Knoblauch-Butter*

*Buttermischungen sind meistens überraschend einfach – und überraschend vielseitig zu verwenden. Zum Beispiel statt einer Sauce zum Fischfilet oder an Stelle regulärer Butter zum Braten.*

*1 große reife Tomate, gehäutet und entkernt*
*1 bis 2 TL Salz*
*200 g weiche Butter*
*8 bis 10 Knoblauchzehen, fein gehackt*
*2 EL abgeriebene Schale von 1 Limette*
*Saft von 1 Limette*
*1 Bund glatte Petersilie, fein gehackt*
*1 TL gemahlener Kreuzkümmel*
*1 frische Chilischote, entkernt und fein gewürfelt*

Tomate grob hacken und salzen. In einen Durchschlag geben und gut abtropfen lassen. Der Wassergehalt der Tomaten kann extrem unterschiedlich sein. Pressen Sie immer soviel Saft wie möglich aus, bevor Sie das Tomatenfleisch mit der Butter mischen. Butter mit allen Zutaten verkneten (mit einer Gabel oder kurz im Mixer). Die Mischung zu einer 2,5 cm dicken Rolle formen und in Alufolie oder Pergamentpapier wickeln. Im Kühlschrank fest werden lassen. (Die Butter kann auch für spätere Verwendung eingefroren werden.) Zum Gebrauch die Butter in Scheiben schneiden.

*Ergibt 1 ½ Tassen*

# *Tomaten-Paprika-Butter*

*Probieren Sie diese Butter mal zu heißer Polenta, Kartoffelpüree oder gedünstetem Maiskolben.*

*2 rote Paprikaschoten*
*1 große Tomate, gehäutet und entkernt*
*1 TL Salz*
*200 g weiche Butter*
*75 g geriebener italienischer Hartkäse (Asiago oder Parmesan)*
*4 Knoblauchzehen, fein gehackt*
*1 Bund frisches Basilikum, fein gehackt*
*3 EL geröstete Pinienkerne*

Paprikaschoten vierteln und unter dem Grill erhitzen, bis die Haut schwarz wird. Mit einem nassen Tuch bedeckt abkühlen lassen, häuten, in kleine Stücke schneiden und gut ausdrücken. Tomaten grob hacken und mit Salz bestreuen. In einen Durchschlag geben und abtropfen lassen, gut ausdrücken. Die Butter mit allen Zutaten verkneten (mit einer Gabel oder kurz im Mixer). Die Buttermischung zu einer 2,5 cm dicken Rolle formen, in Alufolie oder Pergamentpapier wickeln. Im Kühlschrank fest werden lassen. (Die Butter kann auch für spätere Verwendung eingefroren werden.) Zum Gebrauch Butter in Scheiben schneiden.

*Ergibt 3 Tassen*

# *Tomaten mit Mozzarella und frischem Basilikum*

*Aller Wahrscheinlichkeit nach ist dies die beste Art, eine vollreife Tomate zu genießen. Das Geheimnis des Erfolgs liegt in der Qualität der Zutaten. Nehmen Sie nur wirklich sonnengereifte, saftige Tomaten, den edlen Büffel-Mozzarella und erstklassiges Olivenöl – die Investition lohnt sich. Wenn sie dreierlei Basilikumsorten nicht finden, tut es die grüne Sorte auch.*

*1,5 kg reife Tomaten, zimmerwarm, in dicke Scheiben geschnitten*
*1 mittelgroße rote Zwiebel, in sehr dünne Ringe geschnitten*
*etwa 2 Bund frisches Basilikum (am schönsten ist es, wenn Sie rotes, grünes und Zitronen-Basilikum zugleich finden)*
*200 g erstklassiger, frischer Mozzarella, in dicke Scheiben geschnitten*
*4–6 EL kaltgepreßtes Olivenöl*
*4 bis 6 EL Balsam- oder Rotweinessig*
*Salz und frisch gemahlener schwarzer Pfeffer*
*etwas frisches Basilikum zum Garnieren*

Tomaten, Zwiebeln und zerzupfte Basilikumblätter auf einer Servierplatte anrichten. Mit Mozzarellascheiben belegen. Mit Öl und Balsamessig beträufeln. Mit Salz und Pfeffer würzen. Mit Basilikumblättern garnieren.

*Für 4 Personen*

# *Bunter Tomatensalat mit Rote-Bete-Scheiben und Frischkäse*

*Bei diesem Salat können Sie Ihrer Phantasie freien Lauf lassen – Sie können die Tomaten in Scheiben oder Schnitze schneiden, halbieren oder ganz lassen, sie nach Farbe oder Form arrangieren. Der Frischkäse ergänzt die herbe Frische der Tomaten auf angenehme Weise.*

*1 große rote Zwiebel*
*2 mittelgroße rote Tomaten (oder eine Schale roter Kirschtomaten)*
*2 mittelgroße gelbe Tomaten (oder eine Schale gelber Kirschtomaten)*
*6–8 EL kaltgepreßtes Olivenöl*
*4 bis 5 EL Balsam- oder Himbeeressig*
*1 bis 2 EL frisch gehackter Salbei*
*1 Knoblauchzehe, fein gehackt*
*Salz und frisch gemahlener schwarzer Pfeffer*
*150 g frischer Ricotta, Ziegen- oder Frischkäse*
*2 EL unbehandelte Kapuzinerkresse- oder Calendulablüten, wenn möglich, ersatzweise Minzblätter*
*1 bis 2 TL frisch gehacktes Basilikum*
*2 kleine frische, rohe Rote Bete*

Die Zwiebel in dünne Ringe schneiden und auf einer Servierplatte anrichten. Tomaten in Scheiben oder Schnitze schneiden, kleine Tomaten halbieren. Entweder vermengen oder nach Farbe auf den Zwiebeln arrangieren. In einer kleinen Schüssel Öl, Essig, Salbei, Knoblauch, Salz und Pfeffer verrühren und über die Tomaten träufeln. Beiseite stellen.
In einer kleinen Schüssel den Weichkäse mit den Blüten und Kräutern verkneten.

Die Rote Bete ersetzen uns die kalorienreichen Cräcker. Sie werden geschält, in möglichst dünne Scheiben geschnitten und mit dem Weichkäse bestrichen. Auf dem äußeren Rand der Servierplatte arrangieren. Mit einer Handvoll ganzer Blüten oder Kräutern garnieren.

*Für 4 bis 8 Personen*

# *Marinierte Kirschtomaten auf überbackenem Käsetoast*

*Die überraschende Kombination von heißem Toast und kaltem, würzigen Tomatensalat macht den Erfolg dieses rustikalen Gerichtes aus.*

**Marinierte Tomaten:**
*2 Schalen Kirschtomaten (möglichst rot und gelb)*
*2 Frühlingszwiebeln, grob gehackt*
*1 Bund glatte Petersilie, fein gehackt*
*1 EL fein gehackter, frischer Rosmarin*
*3 Knoblauchzehen, fein gehackt*
*6 EL kaltgepreßtes Olivenöl*
*1 EL Trüffelöl (nach Belieben)*
*3 EL Balsamessig*
*Salz und frisch gemahlener schwarzer Pfeffer*

**Provolone-Knoblauch-Brot:**
*4 bis 6 EL kaltgepreßtes Olivenöl*
*3 Knoblauchzehen, fein gehackt*
*4 große, dicke Scheiben knuspriges Weißbrot*
*4 dicke Scheiben Provolone*
*75 g geriebener Parmesan*

In einer großen Schüssel Tomaten, Zwiebeln, Petersilie, Rosmarin, Knoblauch, Öl und Essig mischen. Zugedeckt mindestens 1 Stunde bei Zimmertemperatur durchziehen lassen. Mit Salz und Pfeffer würzen. Im Idealfall kann die Mischung so lange ziehen, bis die Tomaten aufbrechen.

Für den Käsetoast den Grill des Backofens vorheizen. Olivenöl und Knoblauch mischen und 10 Minuten ziehen lassen. Die Brotscheiben jeweils auf einer Seite mit der Ölmischung bestreichen und nur von dieser Seite rösten, bis sie eine hellbraune Farbe hat. Die Brotscheibe auf der gerösteten Seite mit einer Scheibe Provolone belegen und großzügig mit geriebenem Käse bestreuen. Brot beiseite stellen, bis die Tomaten mariniert sind.

Kurz vor dem Servieren den Grill wieder anheizen. Den Käsetoast rösten, bis der Käse Blasen wirft.

Je eine Scheibe warmen Käsetoast in einen Suppenteller legen. Etwa ¾ Tasse Tomaten und Marinade mit dem Löffel um das Brot herumgeben. Noch zusätzlich mit geriebenem Käse bestreuen.

*Für 4 Personen*

# *Orientalischer Salat aus Buchweizennudeln mit Tomaten und Broccoli*

*Je nach Jahreszeit bzw. Saison nimmt man sonnengetrocknete oder frische Tomaten für dieses Gericht. Die getrockneten Tomaten vermitteln ein intensives süßliches Aroma, während die frischen Tomaten dem Gericht eine angenehme Säure geben.*

*1 Handvoll getrocknete Tomaten oder 3 frische Tomaten*
*250 g Broccoliröschen, ohne Stengel, blanchiert und abgeschreckt*
*4 EL Weißweinessig*
*4 EL Sojasauce*
*2 EL fein gehackter frischer Ingwer*
*1 TL fein gehackter Knoblauch*
*3 Frühlingszwiebeln, grob gewürfelt*
*½ bis 1 TL Sesamöl, nach Geschmack*
*Cayennepfeffer nach Belieben*
*250 g japanische Buchweizennudeln*
*2 TL geröstete Sesamkörner zum Garnieren*

Getrocknete Tomaten grob hacken, mit kochendem Wasser überbrühen, 3 Minuten quellen lassen, abgießen und abtropfen lassen. Frische Tomaten häuten, entkernen und würfeln. Broccoliröschen in kochendem Salzwasser 5 Minuten garen, abgießen, abtropfen lassen und in eine große Servierschüssel geben. In einer anderen Schüssel alle Zutaten bis auf Tomaten, Cayennepfeffer, Nudeln und Sesamkörner mischen. Die Marinade über den Broccoli gießen und mit den Tomaten vermengen. Mit Cayennepfeffer nachwürzen, wenn der Salat feurig-pikant schmecken soll.

In einem großen Topf mit Salzwasser die Nudeln nach Packungsangaben kochen. Abgießen und unter kaltem Wasser abschrecken. In vier Portionen in Suppenteller geben. Auf jede Portion eine großzügige Menge von der Broccoli-Tomaten-Mischung häufen und von der Marinade dazugießen. Mit gerösteten Sesamkörnern garnieren.

*Für 4 Personen*

# *Dicke Bohnen mit Friséesalat und Tomatenöl*

*Der Salat wird besonders edel, wenn Sie sich die Mühe machen, die dicken Bohnen nach dem Garen aus ihren harten Häuten zu drücken. Sie werden von dem zarten Geschmack der Bohnenkerne überrascht sein.*

**Für das Tomatenöl:**
*½ l kaltgepreßtes Olivenöl*
*¼ Tasse getrocknete Tomaten, grob gehackt*

*500 g ausgelöste dicke Bohnen (aus etwa 2,5 kg nicht enthülsten Bohnen)*
*⅛ l Tomatenöl (s. oben)*
*2 TL abgeriebene Zitronenschale*
*Saft von 1 Zitrone*
*3 Knoblauchzehen, fein gehackt*
*2 EL fein gehackte glatte Petersilie*
*1 EL frisch gehackter Oregano*
*¼ Tasse getrocknete Tomaten, grob gehackt*
*Salz und frisch gemahlener schwarzer Pfeffer*
*125 g Pancetta oder Bacon in dünnen Scheiben*
*1 Kopf Friséesalat, gewaschen und äußere Blätter entfernt*
*Gehobelter Asiago zum Garnieren*

Das Tomatenöl sollte einige Tage im voraus zubereitet werden. Dazu das Olivenöl erhitzen, bis es beinahe raucht. Das heiße Öl über die getrockneten Tomaten gießen. Mindestens 3 bis 4 Tage stehen lassen. Durch ein Sieb in eine Flasche gießen und an einem kühlen, dunklen Ort lagern. Die Tomaten in ein Glas geben und für spätere Verwendung in den Kühlschrank stellen. *Ergibt ½ Liter*

Die Bohnen enthülsen. Etwa 5 Minuten in Wasser kochen bzw. so lange, bis die Haut aufplatzt. Haut abziehen, Bohnenkerne auf ihre Weichheit prüfen. Gegebenenfalls Bohnen 3 bis 5 Minuten weitergaren, bis sie weich, aber nicht mehlig sind.

In einer großen Glas- oder Holzschüssel das Tomatenöl, Zitronenschale und -saft, Kräuter und getrocknete Tomaten mischen und mit den warmen Bohnenkernen vermengen. Etwa 1 Stunde durchziehen lassen. Mit Salz und Pfeffer würzen.
Pancetta in schmale Streifen schneiden und knusprig braten. Aus der Pfanne nehmen und auf Küchenkrepp abtropfen lassen. Friséeblätter in mundgerechte Stücke zupfen. Junge zarte Blätter ganz lassen. Frisée auf einer Servierplatte anrichten, Bohnen und Marinade darauf verteilen. Mit Speckstreifen und Käsespänen bestreuen.

*Für 4 Personen*

# *Gefüllte Tomaten*

*Ein köstliches Essen für einen warmen Sommertag. Schmeckt am besten lauwarm, eignet sich aber auch hervorragend für ein sommerliches Picknick.*

*2 Scheiben Toastbrot*
*6 mittelgroße, reife Tomaten*
*1 Dose Maiskörner, abgetropt*
*1 Dose Krebsfleisch, abgespült und abgetropft (ersatzweise 75 g Surimi)*
*2 EL fein gehackte rote Paprikaschote*
*½ TL fein gehackte Chilis*
*2 EL fein gehackte Frühlingszwiebeln (oder Schnittlauch)*
*2 TL frisch gehackter Estragon*
*½ TL abgeriebene Zitronenschale*
*6–8 EL Mayonnaise*
*Salz und frisch gemahlener schwarzer Pfeffer*
*4 EL Butter, zerlassen*
*1 EL fein gehackte glatte Petersilie*
*Salz*

Toastbrot zerkrümeln und in einer Pfanne ohne Fett unter Rühren knusprig rösten. Backofen auf 190 Grad C vorheizen.
Mit einem scharfen Schälmesser von jeder Tomate einen Deckel abschneiden, das Mark und die Kerne herausheben und entfernen. Das Innere der Tomaten salzen. Dann mit der Öffnung nach unten auf Küchenpapier stellen, damit die Tomaten Flüssigkeit abgeben.
Unterdessen die Füllung vorbereiten. In einer mittelgroßen Schüssel Maiskörner, Krebsfleisch, Paprika, Chilis, Frühlingszwiebel, Estragon und Zitronenschale mischen. Mit Mayonnaise nach Geschmack anreichern, damit die Mischung zusammenhält. Mit Salz und Pfeffer würzen.
In einer kleinen Schüssel Semmelbrösel, Butter, Petersilie und Salz mischen. Beiseite stellen.
Die Tomaten mit der Mais-Krebsfleischmischung füllen. Mit reichlich gebutterten Semmelbröseln bestreuen und andrücken. Die gefüllten Tomaten in eine flache, mit Öl gefettete Auflaufform stellen und im Backofen etwa 10 bis 15 Minuten garen bzw. bis die Semmelbrösel braun sind. Auf Zimmertemperatur abkühlen lassen, dann servieren.

*Für 4 bis 6 Personen*

# *Grüne Tomaten mit pikanter Aioli und Speck*

*Wenn Sie selber keine Tomaten anbauen und auf dem Wochenmarkt nach grünen oder halbreifen Tomaten verlangen, wird man Sie für verrückt halten. Am besten bringen Sie Ihrer Marktfrau mal eine Kostprobe von diesem Gericht, und Sie werden keine Probleme mehr haben.*

**Pikante Aioli:**
*1 TL entkernte und fein gewürfelte Chilischote*
*2 Knoblauchzehen, geschält*
*1 Eigelb*
*gut 1/8 l kaltgepreßtes Olivenöl*
*Salz*
*1/4 TL Paprikapulver, edelsüß*
*Saft von 1/2 bis 1 Zitrone*
*Cayennepfeffer nach Geschmack*

*6 Streifen durchwachsener Speck*
*1,5 kg grüne oder halbreife Tomaten*
*100 g Weizenvollkornmehl*
*Salz*
*1/2 TL frisch gemahlener schwarzer Pfeffer*
*150 g Maisgrieß*
*1 EL frisch gehackter Rosmarin*
*1 EL fein gehackter frischer Oregano*
*2 Eier*
*Olivenöl*

In der Küchenmaschine oder mit dem Schneidstab des Handmixers die Chilis und den Knoblauch fein zerkleinern. Eigelb dazugeben und pürieren. Dann nach und nach das Öl dazugießen, bis die Masse eine sämige Konsistenz erhält. Mit Salz, Paprika und Zitronensaft würzen. Abschmecken und gegebenenfalls eine Prise Cayennepfeffer dazugeben, wenn es scharf sein soll. Bis zum Servieren in den Kühlschrank stellen.

*Ergibt ungefähr 3/4 Tasse Aioli*

In der Zwischenzeit die Speckstreifen in einer Pfanne knusprig ausbraten, auf Küchenkrepp abtropfen lassen und zerkrümeln. Speckfett aufbewahren. Die Tomaten senkrecht in 1/2 cm dicke Scheiben schneiden, damit Kerne und Mark nicht herausfließen. Die beiden äußeren Scheiben entfernen.
In einer kleinen Schüssel Mehl mit Salz und schwarzem Pfeffer mischen. In einer anderen Schüssel das Maismehl mit Salz und den gehackten Kräutern mischen. Das Eigelb in einer dritten Schüssel mit ein paar EL Wasser verschlagen. Tomaten trockentupfen. Die Scheiben zunächst in Mehl, dann in Ei und dann in Maismehl wenden. Beiseite stellen.
Öl und Bratfett etwa 1 cm hoch in eine schwere Pfanne oder Kasserole gießen. Bei großer Hitze erwärmen, bis es leicht raucht. Auf mittlere Hitze herunterschalten. Tomatenscheiben in das heiße Öl legen. Etwa 3 bis 5 Minuten auf einer Seite braten, einmal wenden, damit beide Seiten goldbraun und knusprig werden. Die Scheiben herausnehmen und auf Küchenkrepp abtropfen lassen. Mit den übrigen Tomatenscheiben ebenso verfahren, dabei darauf achten, daß immer genug heißes Öl in der Pfanne ist. (Wenn die Tomaten knusprig braun werden, bevor sie durch sind, garen Sie sie 5 bis 10 Minuten bei 190 Grad C im Backofen weiter.)
Die Scheiben auf eine vorgewärmte Platte legen, einen Klecks Aioli in die Mitte setzen, mit knusprigem Speck bestreuen und servieren. Man kann die Tomaten auch vorbraten und kurz vor dem Verzehr im Backofen aufwärmen.

*Für 4 bis 6 Personen*

# *Kartoffel-Tomaten-Gratin*

*Dieses Rezept erfüllt alle Wünsche an ein einfaches, nahrhaftes und bodenständiges Gericht.*

*1 kg junge, festkochende Kartoffeln*
*750 g reife Tomaten*
*1 mittelgroße gelbe Zwiebel*
*100 g Butter*
*100 g Weizenvollkornmehl*
*Salz und frisch gemahlener schwarzer Pfeffer*
*etwa ½ l Milch, damit die Kartoffeln bedeckt sind*
*150 g junger Gouda, gerieben*
*Paprikapulver*

Backofen auf 200 Grad C vorheizen.
Kartoffeln nicht schälen, sondern nur gründlich waschen. Mit dem Messer oder Gemüsehobel in 3 mm dicke Scheiben schneiden. Tomaten häuten, entkernen und in etwa 3 mm dicke Scheiben schneiden. Auf einem Teller beiseite stellen. Die Zwiebel in sehr dünne Ringe schneiden und in eine Schüssel geben.
Eine tiefe Auflaufform mit Butter einfetten. Beim Einschichten der Gemüse sollte es jeweils mindestens drei Lagen geben. Fangen Sie mit einer dicken Lage Kartoffeln an. Darauf geben Sie eine Lage Tomaten und eine Handvoll Zwiebeln. Großzügig mit Mehl, Salz und Pfeffer bestreuen. Butterstückchen darauf verteilen und wieder von vorne anfangen, eine Schicht Kartoffeln, je eine Schicht Tomaten und Zwiebeln usw. bis einen Fingerbreit unter den Rand der Backform. Die letzte Lage sollte aus Tomaten bestehen.
Jetzt Milch in die Auflaufform gießen, bis alle Zutaten knapp bedeckt sind. Geriebenen Käse und eine Prise Paprika darüberstreuen.
Die Garzeit richtet sich nach Form und Größe der Auflaufform. Setzen Sie einen feuerfesten Teller oder eine Bratpfanne unter die Backform, falls etwas überläuft. Etwa 45 Minuten backen, bis die Kartoffeln weich sind und die Milch praktisch aufgesogen haben. Vor dem Servieren mindestens 15 Minuten stehen lassen.

*Für 6 Personen*

# *Ratatouille aus dem Backofen*

*Ein klassischer Gemüsetopf, der bei jedem Koch anders schmeckt. Ein ideales Rezept, wenn Ihr Nachbar Ihnen wieder einmal einen ganzen Korb voll Sommergemüse aus seinem Garten schenkt. Das langsame Garen im Backofen vertieft das Aroma. In der feinen Gastronomieküche werden die Gemüse getrennt gekocht. Wenn man sie aber zusammen gart, wie es in der Volksküche immer üblich gewesen ist, werden die unterschiedlichen Aromen aufs köstlichste absorbiert und ausgetauscht. Ratatouille schmeckt gut mit Pasta, zu gegrilltem Fisch oder als Vorspeise mit Brot, Oliven, Aioli und einem leichten Rotwein.*

*2 bis 3 mittelgroße Tomaten, entkernt*
*1 mittelgroße Aubergine*
*1 mittelgroße rote Paprika, entkernt*
*1 mittelgroße gelbe Zwiebel*
*2 mittelgroße Zucchini*
*4 Knoblauchzehen, fein gehackt*
*10 ganze Knoblauchzehen, (nach Belieben)*
*6 EL kaltgepreßtes Olivenöl*
*4 bis 5 Stengel frischer Oregano oder Salbei*
*8 EL fruchtiger Rotwein*
*1/4 Tasse grob gehacktes frisches Basilikum*
*Salz und frisch gemahlener schwarzer Pfeffer*

Backofen auf 175 Grad C vorheizen.
Tomaten und alle anderen Gemüse in 2 bis 5 cm dicke Stücke schneiden. In eine große, schwere Backform geben. Die Gemüse mit allen Zutaten bis auf Basilikum, Salz und Pfeffer mischen. Zugedeckt 30 Minuten backen. Aus dem Ofen nehmen und mit dem Bratfond bestreichen. Wieder zudecken und weitere 15 bis 30 Minuten garen, bis die Gemüse weich sind und zerfallen. Sie sollen bei dieser Garmethode nicht bißfest bleiben. Mit Basilikum, Salz und Pfeffer würzen. Vor dem Servieren etwas abkühlen lassen.

*Für 4 bis 6 Personen*

# HAUPTGERICHTE

Wenn man ein paar reife Tomaten zur Hand hat, sind die Möglichkeiten, ein köstliches und sommerliches Hauptgericht auf den Tisch zu bringen, beinahe unbegrenzt, angefangen mit Nudeln in hausgemachter Tomatensauce.

Einige der Rezepte in diesem Kapitel enthalten Tomaten als wesentliche Zutat, wie zum Beispiel die Tomaten-Lasagne. In anderen Gerichten, wie den gegrillten Lammkoteletts mit Tomaten-Birnen-Chutney sind sie nur als Beilage vertreten – aber als eine Beilage, die den Charakter des ganzen Gerichts prägt.

Der Geschmack von Tomaten ist schwer zu schildern – süß, fruchtig, säuerlich. Aber auch wenn man ihn nicht erklären kann: Der Gaumen erkennt ihn und heißt ihn willkommen. Zutaten wie Oliven, Kapern und Sardellen bringen den erdigen Charakter der Tomate stärker zur Geltung.

Ich bin übrigens der Meinung, daß man Tomaten so wenig wie möglich garen sollte. Wenn Ihr Kochbuch noch ein Rezept für eine über Stunden köchelnde Tomatensauce enthält – vergessen Sie es und entscheiden Sie sich für eine Sauce, bei der die Tomaten nur kurze Zeit garen. Dann können Sie ihr volles Aroma genießen.

# *Lammkoteletts mit Tomaten-Birnen-Chutney und Chili-Kartoffelpüree*

*Tomaten, Birnen, Chilis und Kartoffeln haben alle gleichzeitig Saison – warum also sollte man sie nicht zu einem raffinierten Gericht vereinen?*

**Tomaten-Birnen-Chutney:**
*2 Tassen gehäutete, entkernte und grob gewürfelte Tomaten*
*2 Tassen geschälte, entkernte und grob gewürfelte Birnen*
*1 mittelgroße gelbe Zwiebel, grob gehackt*
*1 Tasse Rosinen*
*2 Tassen brauner Zucker*
*1 Tasse Apfelessig*
*1/4 Tasse fein gehackter frischer Ingwer*
*2 EL Senfkörner*
*2 Zimtstangen*
*2 scharfe Chilis, entkernt und gehackt*
*2 TL Salz*

**Lamm-Marinade:**
*1/4 l kaltgepreßtes, fruchtiges Olivenöl*
*3 EL Rotwein*
*2 EL fein gehackter Knoblauch*
*1 EL frische Rosmarinnadeln, fein gehackt*
*1/2 TL frisch gemahlener schwarzer Pfeffer*
*Salz*

*4 doppelte Lammkoteletts, jedes etwa 150 g*

**Chili-Kartoffelpüree:**
*1 kg mehlige Kartoffeln*
*50 g Butter*
*1/8 l saure Sahne*
*2 EL fein gehackte Chilischoten*
*etwa 1/8 l Milch*
*Salz*

*Fein gehackte frische Minze zum Garnieren.*

Für das Chutney alle Zutaten in einen 2-l-Edelstahltopf geben. Bei mäßiger Hitze etwa 1 Stunde leise kochen lassen, bis die Früchte weich sind und die Mischung eindickt. Zimtstangen entfernen. Chutney in sterilisierte Gläser füllen und im Kühlschrank oder an einem kühlen, dunklen Ort lagern. Im Kühlschrank hält sich das Chutney bis zu 6 Wochen.

*Ergibt etwa 6 kleine Gläser*

Für die Marinade Olivenöl, Rotwein, Knoblauch, Rosmarin, Salz und Pfeffer in einer großen Schüssel mischen. Die Lammkoteletts gut darin wenden. Mindestens 2 Stunden oder mehr bei Zimmertemperatur marinieren, gelegentlich wenden.
Für das Püree die Kartoffeln schälen. In einem großen Topf mit Salzwasser weichkochen. Wasser abgießen. Butter, saure Sahne und Chilis in die heißen Kartoffeln rühren. Gut pürieren (nicht mit dem Mixer, dann werden die Kartoffeln leimig!), dabei die Milch langsam zugießen, bis das Püree leicht und duftig ist. Mit Salz abschmecken.
Lammkoteletts in der Pfanne oder auf dem Grill braten. 1/4 des Kartoffelpürees auf je einen Portionsteller häufen. Lammkoteletts um das Püree legen. Zwei gehäufte Eßlöffel Chutney daraufgeben, mit frischer Minze garnieren.

*Für 4 Personen*

# *Fischkoteletts »al Greco«*

*Stellen Sie sich vor, Sie sitzen an einem warmen Sommerabend am Hafen einer kleinen griechischen Insel und sehen aufs Meer hinaus. Auch wenn Sie die Ägäis nicht kennen, weckt dieses Gericht Urlaubsgedanken.*

**Kräuteröl:**
*1/8 l fruchtiges, kaltgepreßtes Olivenöl*
*3 Stengel frischer Oregano, fein gehackt*
*2 TL abgeriebene Zitronenschale*
*3 Knoblauchzehen, fein gehackt*

*500 g reife Tomaten, entkernt und grob gehackt*
*2/3 Tasse griechische Oliven, entsteint*
*150 g Feta oder anderer halbfester griechischer Käse*
*4 Fischkoteletts (vom Heilbutt, Steinbutt oder einem anderen festfleischigen Fisch)*
*6 EL Olivenöl zum Einreiben*
*Eßbare Blütenblätter wie Schnittlauchblüten oder Kresse zum Garnieren*
*1 Zitrone, in Spalten geschnitten*

Das Olivenöl etwa 1 Minute bei mittlerer Hitze in einem Topf erhitzen. Vom Herd nehmen und Oregano, Zitronenschale und Knoblauch dazugeben. Das Öl bei Zimmertemperatur mindestens 1 Stunde lang, am besten über Nacht, stehen lassen.
Kurz vor dem Servieren die Tomaten mit dem Kräuteröl vermengen. Oliven grob hacken und in eine kleine Schüssel geben. Den Feta in eine weitere Schüssel zerbröseln.
Den Fisch mit Olivenöl einreiben und bei großer Hitze in der Pfanne braten oder auf dem Holzkohlengrill garen. Die Fischfilets sind gar, wenn das Fleisch eine durchscheinend-milchige Färbung annimmt. Nicht zu lange garen, besonders, wenn es fangfrischer Fisch ist.
Fisch auf 4 Tellern anrichten und einige Löffel Tomaten, Oliven und Feta daraufgeben. Das restliche Kräuteröl über jedes Filet träufeln. Mit eßbaren Blüten garnieren und Zitronenspalte getrennt dazu servieren. Frische gesalzene Gurkenscheiben und gekochter Reis passen gut zu diesem Gericht.

*Für 4 Personen*

*Von oben nach unten: Caponata auf Bruschetta (Rezept Seite 68) und Fischkoteletts »al Greco«*

# *Caponata auf Bruschetta*

*In Italien ungemein beliebt, ist dieses Gericht bestens geeignet, eine wohlschmeckende Tomate zur vollen Geltung zu bringen. Besonders schön sieht es aus, wenn Sie Tomaten in verschiedenen Farben verwenden. Caponata schmeckt auch sehr gut zu Pasta.*

**Caponata:**
*1 mittelgroße Zwiebel*
*2 Stangen Sellerie*
*1 mittelgroße Aubergine, in Scheiben geschnitten. Die Scheiben mit Salz bestreuen, in ein Sieb legen und 15 Minuten abtropfen lassen.*
*1 kleine rote Paprikaschote, entkernt*
*6 EL kaltgepreßtes Olivenöl*
*1/8 l Rotweinessig*
*2 EL brauner Zucker*
*1 EL fein gehackter Knoblauch*
*2 EL Pinienkerne*
*2 oder 3 mittelgroße Tomaten, entkernt, gehackt und überschüssiges Wasser ausgedrückt*
*1/2 Tasse schwarze, eingelegte Oliven, entsteint und grob gehackt*
*1 Bund frisches Basilikum, fein gehackt*
*3 EL Kapern*
*2 bis 3 EL gehackte Weintrauben*

**Bruschetta:**
*8 Scheiben Baguette oder ital. Weißbrot (etwa fingerdick)*
*etwa 4 EL kaltgepreßtes Olivenöl*
*1 EL fein gehackter Knoblauch*

*2 bis 3 EL fein gehackte glatte Petersilie*

Zwiebel, Sellerie, Aubergine und Paprika in etwa 1,2 cm dicke Stücke schneiden. Das Gemüse in einem schweren Topf bei mittlerer Hitze etwa 10 Minuten in Öl andünsten, bis das Gemüse weich ist. Essig, Zucker und Knoblauch dazugeben und 5 Minuten leise kochen lassen.

In einer kleinen schweren Pfanne die Pinienkerne bei mittlerer Hitze goldbraun rösten. Abkühlen lassen.

Das Gemüse in eine mittelgroße Schüssel geben und auf Zimmertemperatur abkühlen lassen. Tomaten, lauwarmes Gemüse, Pinienkerne, Oliven, Basilikum, Kapern und Weintrauben mengen. Beiseite stellen.

Für die *Bruschetta* Backofen auf 200 Grad C vorheizen. Brotscheiben auf ein Backblech legen. Olivenöl und Knoblauch mischen und 10 Minuten ziehen lassen. Brotscheiben auf beiden Seiten mit dem Öl einpinseln. Im Backofen backen, bis sie auf beiden Seiten goldbraun sind. Wenn der Ofen heiß genug ist, braucht man die Scheiben nicht zu wenden.

Bruschetta aus dem Ofen nehmen und jede Scheibe großzügig mit Caponata belegen. Auf einer Platte anrichten, mit Petersilie bestreuen und servieren.

*Für 4 Personen*

*Anmerkung: Übrig gebliebene Caponata hält sich mindestens eine Woche lang im Kühlschrank.*

# *Gegrilltes Hähnchen mit Barbecue-Sauce aus gerösteten Tomaten*

*Diese Sauce paßt nicht nur zu Hähnchen. Sie schmeckt genauso gut mit gebratenen Auberginen- oder Zucchinischeiben und auch zu gebackenem Tofu.*

**Tomaten-Barbecuesauce:**
*1 kg sehr reife Tomaten*
*3 Scheiben durchwachsener Speck*
*1 mittelgroße gelbe Zwiebel*
*1 rote oder grüne Paprika, geviertelt, Rippen und Kerne entfernt*
*½ TL gewürfelte Chilischoten (oder mehr)*
*2 Knoblauchzehen, fein gehackt*
*½ TL weißer Pfeffer*
*½ TL schwarzer Pfeffer*
*½ TL Paprikapulver, edelsüß*
*1 TL gemahlener Kreuzkümmel*
*½ TL gemahlener Ingwer*
*1 TL Salz*
*1 EL Worcestershiresauce*
*knapp ⅛ l Rotweinessig*
*4–6 EL brauner Zucker*
*1 TL abgeriebene Orangenschale*
*Salz und frisch gemahlener schwarzer Pfeffer*

*2 kleine Brathähnchen (jedes etwa 1–1½ kg), halbiert*

Tomaten über offener Flamme oder auf dem Holzkohlengrill rösten, bis die Haut sich schwärzlich färbt und der Saft herausspritzt. Tomaten in einen Durchschlag legen. Abtropfen und abkühlen lassen. Dann häuten, entkernen und fein hacken.
Den Speck in kleine Stücke schneiden und in einem kleinen, schweren Topf knusprig braten. Den Speck herausnehmen und beiseite stellen. Fett im Topf lassen und darin bei mäßiger Hitze Zwiebeln, Paprika, Chili und Knoblauch glasig schmoren. Gewürze dazugeben und weiter bei geringer Hitze ziehen lassen. Tomaten dazugeben und mindestens 30 Minuten schmoren lassen. Worcestershiresauce, Essig und brauen Zucker dazugeben. Wenn die Sauce cremig werden soll, mit dem Rührstab pürieren. Orangenschale und Speckstückchen dazugeben. Abschmecken und, wenn nötig, pikant nachwürzen. Im Kühlschrank hält sich die Sauce wochenlang, eingefroren über mehrere Monate.

*Ergibt 2 Tassen Sauce*

Hähnchenhälften über Nacht im Kühlschrank in der Barbecue-Sauce marinieren.
Den Holzkohlegrill entsprechend vorbereiten. Bevor Sie die Hähnchen auf den Grill legen, schaben Sie möglichst viel Barbecue-Sauce ab. (Der Zucker in der Sauce würde auf dem Grill kleben und anbrennen.) Unter mehrmaligem Wenden die Hähnchenhälften etwa 30 Minuten grillen. Für die Garprobe stechen Sie mit einem scharfen Messer in einen Hähnchenschenkel. (Der austretende Saft sollte klar sein.) Wenn die Hähnchen gar sind, vom Grill nehmen und mit reichlich Barbecue-Sauce servieren.

*Für 4 Personen*

# *Sommergemüse-Eintopf mit Maisküchlein*

*Eine frische, leichte und nahrhafte Gemüsesuppe und ein ideales Sommergericht.*

**Pilzbrühe:**
*3 EL kaltgepreßtes Olivenöl*
*250 g Shiitake-Pilze, grob gehackt*
*500 g Champignons, grob gehackt*
*1 Stange Porree, grob gehackt*
*1 Möhre, grob gehackt*
*3 Knoblauchzehen, durchgepreßt*
*3 Stengel frisches Basilikum*
*3 Stengel glatte Petersilie*
*Salz und frisch gemahlener schwarzer Pfeffer*

**Gemüseeintopf:**
*4 bis 6 Schalotten*
*1 Möhre*
*1 kleine Fenchelknolle*
*2 bis 3 Kartoffeln*
*1/4 kleiner Kohlkopf (oder Spinat, Mangold oder anderes wohlschmeckendes Blattgemüse)*
*1/2 kleine Aubergine*
*3 EL Olivenöl*
*3 bis 4 Knoblauchzehen*
*6 bis 10 frische Okraschoten (nach Belieben)*
*2 große, reife Tomaten, gehäutet und entkernt*
*1/8 l guten Rotwein (Cabernet Sauvignon o.ä., nach Belieben)*
*1 1/2 EL frisch gehackter Dill oder Basilikum*
*Pilz- oder Hühnerbrühe zum Begießen des Gemüses*
*Salz und frisch gemahlener schwarzer Pfeffer*
*125 g grüne Bohnen, in 6 mm dicke Stücke geschnitten*
*Körner von einem Maiskolben*

**Maisbrot:**
*150 g Weizenmehl*
*100 g Maismehl*
*6 EL brauner Zucker*
*1 1/2 EL Backpulver*
*Salz*
*2 Eier, leicht verschlagen*
*2 EL geriebene rote Zwiebel*
*1 TL Cayennepfeffer (nach Belieben)*
*75 g mittelalter Gouda, gerieben*
*2/3 Tasse frische Maiskörner*
*1/4 l Buttermilch*
*5 EL Butter, zerlassen*

In einem großen Topf das Öl erhitzen und alle Zutaten für die Pilzbrühe hineingeben. Etwa 10 Minuten braten. 2 bis 3 Liter Wasser aufgießen, damit das Gemüse bedeckt ist, und bei mäßiger Hitze ziehen lassen, bis die Flüssigkeit um die Hälfte reduziert ist. 2 Tassen Wasser dazugießen und wieder um die Hälfte reduzieren. Brühe abseihen und mit Salz und Pfeffer würzen. Die ausgekochten Gemüse wegwerfen. Die Brühe hält sich eingefroren über Monate.

*Ergibt etwa 2 Liter*

Für den Eintopf Schalotten, Möhre, Fenchel, Kartoffeln, Kohl oder anderes Blattgemüse und Aubergine in 1 bis 2 cm dicke Stücke schneiden. In einem Topf das Gemüse in Olivenöl bei mittlerer Hitze etwa 10 Minuten andünsten. Knoblauch und, falls erwünscht, Okra dazugeben und weitere 5 Minuten schmoren. Tomaten, Wein, Kräuter und so viel Brühe dazugeben, daß sie mindestens zwei Fingerbreit über dem Gemüse steht. Hitze herunterschalten und alles eine gute Stunde ziehen lassen, bis das Gemüse weich ist. Wenn die Flüssigkeit zu sehr einkocht, mehr Brühe zugießen, je nachdem,

ob Sie den Gemüseeintopf flüssiger oder fester mögen. Erst salzen, wenn die Gemüse gar sind. Den Backofen auf 190 Grad C vorheizen.
Während das Gemüse kocht, das Maisbrot zubereiten. In einer mittelgroßen Schüssel die trockenen Zutaten mischen. In einer größeren Schüssel die Eier mit der Zwiebel, Cayenne, dem Käse, dem Mais, Buttermilch und zerlassener Butter verschlagen. Nach und nach die trockenen Zutaten in die feuchte Mischung rühren. Nicht zu viel rühren.
Die Mischung in 12 eingefettete Backförmchen gießen. Etwa 20 Minuten backen, bis die Küchlein in der Mitte fest sind. Aus dem Ofen nehmen und 10 Minuten abkühlen lassen, bevor Sie sie aus der Form lösen.

*Ergibt 12 Maisküchlein*

Während die Maisküchlein abkühlen, die Gemüsesuppe wieder zum Kochen bringen. Bohnen und Maiskörner dazugeben und etwa 2 bis 3 Minuten garen.
Zum Anrichten je ein Maisküchlein auf den Boden eines Suppentellers legen und mit Gemüsesuppe auffüllen.

*Reicht gut für 4 bis 6 Personen*

# *Geschmorte Tomaten mit gefüllten Kohlbeuteln*

*Kartoffeln, Kohl und Tomaten gehen hier eine rustikale Verbindung ein. Die Kohlbeutel lassen sich im voraus zubereiten und müssen dann nur noch aufgewärmt werden. Zum Anrichten kommt je ein Kohlbeutel auf eine gute Portion geschmorter Tomaten. Gegebenenfalls mit geriebenem Cheddar bestreuen. Auch kräftige Bratwürste passen dazu.*

**Geschmorte Tomaten:**
*1 mittelgroße Zwiebel*
*1 kleine rote oder gelbe Paprika*
*1 Stange Sellerie*
*2 EL Öl*
*1,5 kg reife Tomaten, grob gehackt*
*5 bis 7 Stengel glatte Petersilie*
*6 EL brauner Zucker*
*Saft von 1 bis 2 Zitronen*
*Salz und frisch gemahlener schwarzer Pfeffer*

**Kohlbeutel:**
*6 große Kohlblätter*
*1 mittelgroße Zwiebel, fein gehackt*
*2 1/2 EL Butter*
*1/2 Tasse grüne Erbsen (TK-Ware)*
*2 EL Wasser*
*250 g Kartoffelpüree (aus der Packung oder frisch)*
*2 Eier, leicht verschlagen*
*Salz und frisch gemahlener schwarzer Pfeffer*
*12 Schnittlauchstengel*

Zwiebel, Paprika und Sellerie würfeln. In einem großen Topf Gemüse in dem Öl bei mittlerer Hitze glasig schmoren. Tomaten häuten, entkernen und in Scheiben schneiden. Tomaten und Petersilie an das Gemüse geben und zugedeckt bei mäßiger Hitze 20 Minuten kochen. Petersilie entfernen. Mit dem braunem Zucker, Zitronensaft, Salz und Pfeffer würzen. Weitere 10 Minuten leise kochen lassen und abschmekken. Je nach Geschmack mehr Zucker oder Salz dazugeben. Bis zum Servieren warm stellen.

Die Kohlblätter in kochendem Wasser blanchieren und gut abtropfen und abkühlen lassen. Die Zwiebel in einem kleinen Topf in Butter andünsten. Wasser und Erbsen dazugeben, 2 bis 3 Minuten zugedeckt ziehen lassen. Deckel abnehmen und etwas abkühlen lassen.

Unterdessen in einer großen Schüssel das Kartoffelpüree mit den Eiern mixen. Zwiebel-Erbsen-Mischung hineinrühren. Großzügig salzen und pfeffern.

Ein Kohlblatt ausbreiten, gegebenenfalls zähe Mittelrippe ausschneiden. Eine gute halbe Tasse der Kartoffelmischung auf die Blattmitte häufen. Das Blatt zu einem Beutel zusammenschlagen und mit 2 Schnittlauchstengeln zubinden. Vor dem Servieren die Kohlbeutel 15 Minuten über Dampf oder in wenig Wasser erhitzen. Je einen Kohlbeutel auf eine Portion geschmorte Tomaten setzen.

Nach Geschmack mit geriebenem Käse bestreuen.

*Für 3 Personen*

# *Penne mit getrockneten Tomaten in Ziegenkäsesauce*

*Bei einer Kombination wie dieser kann man eigentlich nichts falsch machen. Nur eines ist Geschmackssache: Einige mögen ihre Nudelsauce etwas flüssiger. Dann fügen Sie einfach etwas Wasser hinzu.*

*Einige Stiele Knoblauchgrün oder junge Frühlingszwiebeln*
*2 TL gehackter Knoblauch*
*6 EL kaltgepreßtes Olivenöl*
*1/8 l Dessertwein*
*1/2 Tasse getrocknete Tomaten, fein gewürfelt*
*200 g Ziegenfrischkäse*
*1 EL fein gehackte Thymianblättchen*
*50 g geröstete Pinienkerne*
*Salz und frisch gemahlener Pfeffer*
*500 g grüner Spargel, geschält und in Stücke geschnitten*
*250 g geräuchertes Forellenfilet (wahlweise Räucherlachs)*
*500 g Penne (kurze italienische Nudeln)*

In einem großen Topf Wasser mit Salz zum Kochen bringen.
Knoblauchgrün in feine Ringe schneiden. Zusammen mit dem Knoblauch in dem Olivenöl andünsten. Wein dazugeben und einkochen lassen. Tomaten, zerkrümelten Käse, Thymian und Pinienkerne zugeben. Salzen, pfeffern und zugedeckt beiseite stellen.
Spargel in kochendem Wasser etwa 5 Minuten kochen, mit der Schaumkelle herausnehmen, Wasser aufbewahren. Nudeln in dem kochenden Wasser nach Packungsanweisung garen, abgießen. In der Zwischenzeit die Sauce wieder erwärmen, Forellenfilet zerzupfen und zugeben, Hitze ausschalten. Nudeln mit der Sauce mischen und mit dem Spargel garnieren.

*Für 4 Personen*

# *Cappellini alla Puttanesca*

*Diese klassische italienische Nudelsauce schmeckt immmer wieder hervorragend. Da sie Süßes und Salziges enthält, harmoniert sie besonders mit der Neutralität der Nudeln. Ich nehme diese Sauce aber auch, um angebratene Hähnchenkeulen langsam darin zu garen.*

*1 kg reife Tomaten*
*2 Knoblauchzehen, fein gewürfelt*
*½–1 TL fein gewürfelte Chilischote*
*⅛ l kaltgepreßtes Olivenöl*
*75 g erstklassige Oliven, vom Stein geschnitten*
*4–5 eingesalzene Sardellen, zerdrückt*

*2 TL frisch gehackter Oregano*
*2 EL frisch gehacktes Basilikum*
*2–3 EL Kapern*

*500 g Cappellini oder andere dünne italienische Nudeln*

Tomaten pellen, entkernen und würfeln, in einem Sieb abtropfen lassen (Saft für ein anderes Rezept aufbewahren).
Knoblauch, Tomaten und Chilischote in dem Olivenöl andünsten, restliche Zutaten dazugeben und alles bei milder Hitze 10 Minuten schmoren. Wenn die Sauce zu dick wird, mit dem aufgefangenen Tomatensaft verdünnen. Nudeln in kochendem Salzwasser nach Vorschrift auf der Packung garen. Nudeln abgießen und mit etwas Olivenöl mischen. Auf Teller verteilen und mit der Sauce bedecken.

*Für 4 Personen*

# *Lauwarme Tomatensauce*

*Dieses Rezept ist so einfach, daß es schon unangenehm ist, es weiterzugeben. Unnötig zu erwähnen, daß es mit der Qualität der verwendeten Tomaten steht und fällt.*

*1 kg vollreife Tomaten, gehäutet, entkernt und gehackt*
*1 Zwiebel, in hauchdünnen Scheiben*
*3 Knoblauchzehen, fein gewürfelt*
*5 EL kaltgepreßtes Olivenöl*
*1/8 l Rotwein*
*1 EL frisch gehackter Oregano*
*1 Bund glatte Petersilie, gehackt*
*Salz und frisch gemahlener Pfeffer*

*500 g frische Nudeln*

Tomaten in einem Sieb abtropfen lassen, Saft auffangen. Zwiebel und Knoblauch in dem Öl andünsten. Mit Rotwein ablöschen, Kräuter zugeben. 3–4 Minuten bei milder Hitze erwärmen. Vom Herd nehmen und die Tomaten zufügen. Verruhren, pfeffern und salzen. Wenn die Sauce zu dick ist, etwas Tomatensaft zufügen.

Nudeln in kochendem Salzwasser garen. Abgießen und sofort mit der Tomatensauce mischen, auf Teller verteilen.
Nach mexikanischer Art können Sie die Nudeln mit Avocadoscheiben, etwas geraspeltem Käse und ein wenig gehacktem Koriandergrün garnieren. *Für 4 Personen*

# *Tomaten-Lasagne*

*Diese Lasgane ist schnell gemacht, denn sie wird statt mit eingekochter Tomatensauce mit frischen, rohen Tomaten zubereitet.*

**Béchamelsauce:**
*6 EL Butter*
*5 EL Mehl*
*½ l Milch*
*frisch geriebene Muskatnuß*
*Salz*

**Lasagne:**
*750 g Ricotta*
*75 g frisch geriebener Parmesan*
*1 TL frisch gehackter Oregano*
*1 Ei*
*Salz*
*weißer Pfeffer*
*100 g geröstete Pinienkerne*
*200 g gewürfelter Mozzarella*
*250 g geraspelter Provolone*
*500 g Lasagne-Nudeln*
*6 mittelgroße Tomaten, gehäutet und in Scheiben geschnitten*
*1 Bund Basilikum, gehackt*

**Garnitur:**
*2 EL Olivenöl*
*1 EL fein gewürfelter Knoblauch*
*500 g Blattspinat*

Für die Béchamelsauce die Butter zerlassen, das Mehl hineinrühren und andünsten. Milch dazugießen und unter ständigem Rühren aufkochen. Mit Muskatnuß und Salz würzen. Die Sauce sollte dicklich sein.
In einer großen Schüssel den Ricotta mit Parmesan, Oregano, Ei, Salz, Pfeffer und Pinienkernen verrühren. Mozzarella und die Hälfte des Provolones unterühren. Backofen auf 200 Grad C vorheizen.
Lasagneblätter in kochendem Salzwasser knapp garen, abspülen, mit Olivenöl beträufeln und beiseite stellen.
Eine flache Gratinform einölen. Erst eine Schicht Tomaten und Basilikum auf den Boden der Form legen. Darauf Nudelblätter verteilen. Die Hälfte der Ricotta-Mischung darüberstreichen, darauf wieder Nudelblätter. Einen Teil der Béchamelsauce daraufstreichen. Dann wieder mit den Tomaten beginnen. Alles übereinander schichten, bis alle Zutaten verbraucht sind. Die letzte Schicht mit dem restlichen Provolone bestreuen. Im Backofen 45 Minuten garen. Dann aus dem Ofen nehmen und 15 Minuten stehen lassen. In der Zwischenzeit den Knoblauch in Olivenöl andünsten, den Spinat zugeben. Gerade eben zusammenfallen lassen, pfeffern und salzen.
Lasagne auf Teller verteilen und mit einem Löffel Spinat garnieren.

*Für 4 Personen*

# *Kräuter-Tomaten-Pizza*

*Tomaten auf Pizza, das ist für niemanden eine Überraschung. Aber unsere Version mit frischen Tomatenscheiben ist dennoch ungewöhnlich. Zusammen mit dem Ricotta wird die Pizza so saftig wie keine andere.*

**Pizzateig:**
*1 Päckchen Trockenhefe*
*knapp 2 dl lauwarmes Wasser*
*1 TL Zucker*
*1 EL kaltgepreßtes Olivenöl*
*3–4 EL frisch gehackte Kräuter (z.B. Oregano, Thymian, Salbei und Rosmarin)*
*Salz*
*340 g Weizenmehl (Type 405)*
*40 g Weizenvollkornmehl*
*Maisgrieß für das Backblech*

**Belag:**
*1 Zwiebel, dünn geschnitten*
*3 Knoblauchzehen, fein gewürfelt*
*150 g Shiitake-Pilze, Stiele entfernt, Hüte dünn geschnitten*
*3 EL kaltgepreßtes Olivenöl*
*3 EL frisch gehacktes Basilikum*
*Salz und frisch gemahlener schwarzer Pfeffer*
*250 g Ricotta*
*2 reife, große Tomaten, in Scheiben geschnitten*
*350 g geraspelter Provolone*
*75 g frisch geraspelter Parmesan*

Hefe mit dem Wasser verrühren und stehen lassen, bis sie Blasen schlägt. Zucker, Olivenöl und Kräuter zugeben. In der Küchenmaschine Weizenmehl und Vollkornmehl mit dem Salz mischen, dann nach und nach die Hefeflüssigkeit untermischen. In eine Schüssel geben, mit einem Tuch abdecken und etwa 45 Minuten warm stellen. Den aufgegangenen Teig nochmals zusammenkneten, ausrollen. Backblech mit Maisgrieß ausstreuen und den Pizzateig darauf legen. Backofen auf 250 Grad C vorheizen.
Zwiebeln, Pilze und Knoblauch in dem Öl anschmoren. Basilikum zugeben, salzen und pfeffern. Eventuell vorhandene Flüssigkeit abgießen, Gemüse über die Pizza verteilen. Kleine Ricottahäufchen auf dem Teig verteilen. Mit Tomatenscheiben belegen und mit dem geraspelten Käse bestreuen. Etwa 15 Minuten backen, bis die Pizza knusprig wird und der Käse zerläuft.

*Für 2–4 Personen*

# AUS DEM BACKOFEN

Wir denken kaum je daran, Tomaten zu backen, höchstens auf einer Pizza. Mit diesem Kapitel wollen wir Sie anregen, einmal etwas Neues zu probieren.
Vor allem in klassischen amerikanischen Gerichten werden oft Tomaten da verwendet, wo wir Obst nehmen würden, auf Kuchen und in Pies.
Sind die Tomaten nicht vollreif, muß mit etwas braunem Zucker nachgeholfen werden.
Wichtig ist, die Tomaten vor dem Backen abtropfen zu lassen, sonst verändert der beim Backen austretende Saft die Teigkonsistenz, und Ihr Backwerk könnte mißlingen. Auch ein kurzes Wenden der Tomatenscheiben in Mehl hilft.
Und wenn Sie in einem Backbuch blättern, ersetzen Sie doch im Geist (oder in der Praxis) einmal das Obst (Apfel, Birne, Kürbis) durch Tomate. Mancher dieser Versuche wird verblüffend gut gelingen!

# Tomaten-Brie-Brotauflauf

*Manch einer verzieht das Gesicht, wenn man bloß den Namen des Gerichts erwähnt. Aber wer erst einmal davon gekostet hat, wird eines besseren belehrt.*

*18–20 Scheiben Toastbrot*
*1 Zwiebel, grob gewürfelt*
*2 Stangen Sellerie, grob gewürfelt*
*150 g Butter*
*Salz*
*¼ TL weißer Pfeffer*
*1 kg reife Tomaten, entkernt und grob gewürfelt*
*200 g Brie, in 1 cm dicke Würfel geschnitten*
*3 Eier, leicht verschlagen*
*¼–⅜ l Hühner- oder Gemüsebrühe*

Backofen auf 175 Grad C vorheizen.
Brot in kleine Stücke zupfen und in eine große Schüssel legen. In einem mittelgroßen Topf Zwiebel und Sellerie bei mittlerer Hitze in der Butter andünsten. Mit Salz und Pfeffer würzen. Die Mischung über das Brot gießen und alles vermengen.
Eine 2-l-Auflaufform mit Butter einfetten. Den Boden mit einer Schicht der Brotmischung auslegen. Mit einer Lage Tomaten und einem Drittel Käse bedecken. Arbeitsgänge wiederholen und mit einer Brotschicht enden.
In einer kleinen Schüssel die Eier mit ¼ l Hühnerbrühe verschlagen. Über den Auflauf gießen. Das Brot sollte leicht feucht sein. Gegebenenfalls mehr Brühe zugießen. Mit dem restlichen Käse bestreuen. Etwa 35 Minuten backen, bis der Brotauflauf aufgegangen ist, fest und von hellbrauner Farbe ist. Aus dem Backofen nehmen und 10 Minuten stehen lassen. Der Brotauflauf schmeckt auch gut lauwarm.

*Für 6 Personen*

# Green Tomato Brown Betty

*Brown Betty ist in Amerika allseits beliebt und typisch für die dortige Familienküche. Bei dieser Variante finden all die grünen Tomaten Verwendung, die noch am Strauch hängen und nicht mehr reif werden.*

*2 Tassen Krümel (zerkrümelte Graham Cracker, Weizen Cracker oder ungesüßte Kekse)*
*100 g Butter, zerlassen*
*1,5 kg unreife grüne Tomaten, in dünne Scheiben geschnitten*
*¾ Tasse Rosinen*
*Saft von 1 Zitrone*
*80–100 g brauner Zucker*
*1 EL Zimtpulver*
*1 TL gemahlener Piment*
*⅛ l Apfelsaft*

Backofen auf 175 Grad C vorheizen.
In einer kleinen Schüssel die Krümel mit der zerlassenen Butter mischen. Beiseite stellen. In einer mittelgroßen Schüssel Tomaten, Rosinen, Zitronensaft, Zucker und Gewürze mischen.
Eine 2-l-Auflaufform mit Butter einfetten. ⅓ der Krümelmischung gleichmäßig auf dem Boden der Auflaufform verteilen. Die Hälfte der Tomatenmischung darauf verstreichen. Mit der Hälfte des Apfelsafts beträufeln. Mit wieder einem Drittel der Krümelmischung bedecken und darauf die restlichen Tomatenscheiben legen. Mit dem restlichen Apfelsaft beträufeln. Alles mit den verbliebenen Krümeln bedecken. Zugedeckt etwa 45 Minuten backen, bis die Tomaten weich sind. Den Deckel abnehmen. Backofen auf 200 Grad C schalten und weitere 10 Minuten backen, bis die Oberfläche knusprig braun ist. Ofenheiß mit Eis servieren.

*Für 6 Personen*

*Green Tomato Brown Betty*

# Brötchen aus getrockneten Tomaten

*Süß, saftig und köstlich – diese Buttermilchbrötchen sind eine wunderbare Begleitung zu einem kräftigen Eintopf, schmecken aber auch mit geräuchertem Schinken.*

*300 g Weizenmehl*
*1 EL Backpulver*
*1 EL Zucker*
*1 TL Salz*
*100 g Butter, eiskalt*
*2 Eier*
*1/8 l Buttermilch*
*1/3 Tasse getrocknete Tomaten, fein gehackt*
*1 EL frisch gehackter Thymian*

Backofen auf 200 Grad C vorheizen.
Mehl, Backpulver, Zucker und Salz durch ein Sieb in eine Schüssel geben. Die Butter fein hacken. Mit der Hand oder dem Küchenmixer einarbeiten. Es sollte eine krümelige Mischung entstehen.
In einer kleinen Schüssel die Eier mit der Buttermilch verschlagen. Die getrockneten Tomaten und den Thymian unterrühren. Mit dem Knethaken oder mit der Hand mit dem Teig verkneten, bis die Masse zusammenhält. Den Teig nicht überstrapazieren, sonst werden die Brötchen hart.
Den Teig auf einer bemehlten Arbeitsfläche 1 bis 2 cm dick ausrollen. Einmal zusammenklappen und wieder ausrollen. Noch einmal zusammenklappen und 2 cm dick ausrollen. Den Teig in 5 cm dicke Quadrate schneiden. Auf einem leicht eingefetteten Backblech etwa 12 Minuten im Backofen backen, bis die Brötchen aufgegangen und goldbraun sind.

*Ergibt etwa 12 Brötchen*

# Tomaten-Gewürzbrot

*Wenn alle Zutaten im Hause sind, ist das Brot innerhalb einer Stunde zubereitet und gebacken.*

*2 große, reife Tomaten*
*2 Eier*
*6 EL Öl*
*50 g weißer Zucker*
*50 g brauner Zucker*
*225 g Weizenmehl*
*1 TL gemahlener Zimt*
*1/2 TL Backpulver*
*Prise Salz*
*1/4 Tasse Mandelblättchen*

Tomaten häuten und entkernen. Im Küchenmixer oder mit dem Pürierstab pürieren. 1 1/4 Tassen Püree abmessen.
Im Küchenmixer Eier, Öl und beide Zucker mixen. Auf hoher Stufe etwa 3 Minuten mixen, bis der Teig leicht und duftig ist. Tomatenpüree dazugeben und gut mixen.
In einer großen Schüssel alle trockenen Zutaten bis auf die Mandeln mischen und nach und nach an die Eimischung geben. Auf mittlerer Stufe rühren, bis alles gut vermengt ist. Der Teig sollte dünnflüssig sein.
Eine Kastenform einfetten. Den Teig gleichmäßig hineingießen. Mit Mandeln bestreuen. Etwa 40 Minuten backen bzw. so lange, bis an einer in das Brot gesteckten Stricknadel kein Teig mehr hängenbleibt. Das Brot in der Form 5 Minuten stehenlassen, auf ein Kuchengitter stürzen und vollständig auskühlen lassen. Zum Servieren in dünne Scheiben schneiden.

*Ergibt 1 Brot, für 6 bis 8 Personen*

# *Pie mit grünen Tomaten und Himbeeren*

*Für dieses Rezept braucht man reichlich Zucker, aber die Kombination von süßen Himbeeren mit säuerlichen Tomaten ist es wert. Das Ergebnis ist ein riesiger Pie, wie Kinder ihn gerne mögen.*

**Mein Lieblings-Pie-Teig:**
*(für eine Doppelkruste in 25-cm-Pieform)*
*200 g Butter*
*375 g Mehl*
*1/2 TL Salz*
*8 gehäufte EL dicke saure Sahne*

**Belag:**
*8 Tassen unreife, grüne Tomaten, in dünne Schnitze oder Scheiben geschnitten*
*2 kleine Schalen rote Himbeeren*
*1 EL abgeriebene Zitronenschale*
*150 g Zucker*
*100 g brauner Zucker*
*4 EL Speisestärke (oder mehr, wenn die Beeren sehr saftig sind)*
*2 TL Zimtpulver*
*1/2 TL frisch gemahlene Muskatnuß (nach Belieben)*
*6 EL Butter*

Für den Pie-Teig die Butter mit dem Messer in 10 Stücke zerhacken. In einer kleinen Schüssel Mehl und Salz mischen. Mit der Hand oder dem Knethaken Butter in die Mehlmischung arbeiten. Die saure Sahne löffelweise in die Butter-Mehl-Mischung geben. Gut rühren, bis der Teig zusammenhält.
Teig auf eine leicht bemehlte Arbeitsfläche geben. In zwei Hälften teilen und 2 gleiche Kugeln formen. Eine Teigkugel beiseite stellen. Die andere Kugel flachdrücken. Den Teig etwa 3 mm dick ausrollen. Der äußere Rand sollte etwa 5 cm über den Rand einer 25-cm-Pieform stehen. Die Pieform mit dem Teig auslegen, die Ränder ruhig überstehen lassen, bis die obere Platte darauf kommt.
Die andere Teigkugel ausrollen. Zwischen zwei Blätter Pergamentpapier oder in ein mehlbestäubtes Geschirrtuch legen. Einmal zusammenklappen und mit der unteren Teigkruste in den Kühlschrank stellen, bis die Füllung fertig ist.
Backofen auf 200 Grad C vorheizen.
In einer großen Schüssel Tomaten, Beeren und Zitronenschale vermengen. In einer kleinen Schüssel beide Zuckersorten, Maisstärke und Gewürze mischen. Mit den Früchten vermengen und die Mischung in die mit Teig ausgelegte Backform geben. Mit Butterstückchen belegen. Mit der oberen Teigplatte bedecken, die Teigränder zusammendrücken und 10 Minuten backen.
Hitze auf 175 Grad C herunterschalten. Etwa weitere 40 Minuten backen, bis die Kruste eine hellbraune Farbe hat, oder, wenn man mit einem Zahnstocher in die Mitte des Pies sticht, die Tomaten sich sehr weich anfühlen.
Pie aus dem Ofen nehmen und mindestens 30 Minuten abkühlen lassen, bevor er angeschnitten wird. Warm mit Vanilleeis servieren.

*Für 8 Personen*

# *Gestürzter Tomaten-Ingwer-Kuchen*

*Dieses erstaunliche Rezept stammt aus einem Kochbuch des 18. Jahrhunderts.*

*100 g Butter, zerlassen*
*1 EL frisch geriebener Ingwer*
*6 EL brauner Zucker*
*2 bis 3 reife Tomaten (genug, um den Boden der Backform auszulegen), gehäutet, entkernt und in 6 mm dicke Scheiben geschnitten*
*100 g Butter, zimmerwarm*
*200 g brauner Zucker*
*1/2 Tasse Sirup*
*375 g Weizenmehl*
*2 TL Backpulver*
*1 EL gemahlener Ingwer*
*1/2 TL gemahlene Nelken*
*1/4 l Buttermilch*

Backofen auf 175 Grad C vorheizen.
Zerlassene Butter mit dem Ingwer und Zucker mischen und damit gleichmäßig den Boden einer 25-cm-Backform bestreichen. Mit Tomatenscheiben belegen.
Unterdessen die weiche Butter mit dem braunen Zucker und dem Sirup im Mixer cremig rühren. Mehl, Backpulver und Gewürze in eine andere Schüssel sieben. Die Mehlmischung mit der Buttermilch an die cremige Butter rühren. Den Teig über die Tomaten in der Backform gießen.
Etwa 40 Minuten backen, bis an einem (in den Kuchen gestochenen) Holzstäbchen kein Teig mehr kleben bleibt. Aus dem Ofen nehmen, mit einem Messer den äußeren Rand lösen, dann den Kuchen auf eine Kuchenplatte stürzen. Mindestens 5 Minuten stehenlassen, bevor die Backform entfernt wird. Warm mit Schlagsahne oder Vanilleeis servieren.

*Für 6 oder mehr Personen*

# REGISTER

# DANKSAGUNG

Das Essen zu lieben und nicht nur als Aufnahme von Nahrungsmitteln zu betrachten, wird uns gelehrt, nicht vererbt. Ich bin glücklich, Eltern wie June und Eddie Ziff zu haben, die auch heute noch mein Leben mit Liebe, Freude und einer Passion für das Essen füllen.

Ich möchte Stuart Dickson danken, dem süßesten Tomaten-Farmer, den ich kenne – für seine Unterstützung und Anleitung. Ich schreibe gerne, aber angesichts der Belastungen einer alleinerziehenden Mutter und mit den Restaurants schien es mir über Jahre unmöglich, ein Buchprojekt anzunehmen. Die größte Ermunterung habe ich von Eric Mason erfahren, dem Manager des Flea Street Café, der drohte, zu gehen, als ich eines Tages von einem langen Spaziergang um die Bucht mit dem Entschluß zurückkam, kein Buch zu schreiben. Ich habe das Buch geschrieben. Dank geht auch an das Team im Flea Street Café, das mich fortwährend unterstützt hat.

Besonderer Dank geht auch an Ros Creasy für ihre unschätzbare Unterstützung, Freundschaft und ihre kenntnisreichen Bemerkungen zu dem Glossar dieses Buches.

Mein Dank geht ferner an David Vose, Joseph Steinke, Mark Lipscom und die Menschen in Shepherd's Seed Company und an all die anderen Farmer, Wissenschaftler und Warenhändler, die mit mir über Tomaten gesprochen haben, an gute Freunde und Rezepte-Probierer, Lisa Fenwick, Gary Smith, Kathleen Samuels, Monica Mitchel, Andrena Appleby, Eric Mason, Carry White und ihre Mutter; und an Beth Hensperger für ihr Rezept für den Tomaten-Gewürzkuchen. Von Herzen Dank auch an Bob Cool, der mich während meiner ganzen Laufbahn unterstützt hat.
Die Schönheit dieses Buches verdanken wir der Fotografin Deborah Jones und der Food-Stylistin Sandra Cook. Sie haben diese üppigen Bilder geschaffen, die einen dazu verleiten wollen, sofort eine Gabel zu ergreifen.
Dank geht auch an meine Lektorin Meesha Halm, die mich durch die Unsicherheiten des Schreibens geführt hat; das Schreiben dieses Buches wurde dank ihrer Unterstützung zu einem mich bereichernden und spannenden Abenteuer.

Collins und das Fotografenteam danken außerdem Jeri Jones und Helga Sigvaldadottir, Foto-Assistenten; Kathleen Fazio und Vicki Roberts Russell, Food-Styling-Assistenten; Kristen Wurz, Design und Produktionskoordination; Jonathan Mills, Produktionsleitung. Besonderer Dank an Stuart Dickson von Stone Creek Farm für all seine Tomaten; Mary Novak; Iron Horse Vineyards in Sonoma County; und den Händlern aus San Francisco, Biordi Italian Imports, Fillamento, RH and Sue Fisher King.